让学生走在老师前面

RANG XUESHENG ZOU ZAI LAOSHI QIANMIAN

龙海平 著

中国出版集团 现代出版社

图书在版编目（CIP）数据

让学生走在老师前面 / 龙海平著. -- 北京 : 现代出版社, 2023.12
ISBN 978-7-5231-0629-7

Ⅰ. ①让… Ⅱ. ①龙… Ⅲ. ①中学教育—教学研究 Ⅳ. ①G632.0

中国国家版本馆CIP数据核字(2023)第213435号

作　　者　龙海平
责任编辑　申　晶

出 版 人　乔先彪
出版发行　现代出版社
地　　址　北京市安定门外安华里504号
邮政编码　100011
电　　话　(010) 64267325
传　　真　(010) 64245264
网　　址　www.1980xd.com
印　　刷　北京政采印刷服务有限公司
开　　本　710mm×1000mm　1/16
印　　张　14.5
字　　数　235千字
版　　次　2023年12月第1版　2023年12月第1次印刷
书　　号　ISBN 978-7-5231-0629-7
定　　价　58.00元

CONTENTS

第一篇　课题报告

第二篇　策略研究

第三篇　实践感悟

第一篇

课题报告

“促进教师自主发展的行动研究”研究报告

教师自我发展意愿不足、参与教育科研的积极性不高是一个亟待破解的管理难题，桂江二中也不例外。2020年9月，笔者任桂江二中校长，着手制订教师发展计划，启动“促进教师自主发展的行动研究”课题研究工作，试图以科研机制建设为抓手，搭台唱戏，通过激发教师自主发展内动力，引导教师成为学生发展的促进者、学校发展的推动者，使学校步入高质量发展的快车道。

一、课题的提出

（一）新课程改革对教师专业发展提出了挑战

为党育人、为国育才是新时代人民教师的光荣使命。新一轮的课程改革对教师角色有了新要求，它强调教师要成为学生学习的促进者、教育教学的研究者、课程建设的实践者。这些都对教师专业素质的发展提出了严峻挑战。

（二）教师的自主发展是教师个体专业发展的有力保障

教师专业化经历了一个从非专业化到专业化、从群体专业化到个体专业化、从个体被动专业化到个体主动专业化的发展历程。在教师的专业化发展过程中，学校要为教师提供自我发展的良好环境，最为关键的一点是，要充分调动教师自我发展的愿望，帮助教师实现个体的主动专业化发展。只有当教师自己愿意发展、乐于发展、善于发展时，才能获得真正意义上的专业发展。当前，学校的教育改革取得了显著成效，但仍然存在一些问题。比如，许多教师缺乏教学自主意识，教学动机不强，缺乏自主能力，更谈不上拥有教学自主而带来的愉快体验。因此，在新课程改革给教师带来的压力和挑战下，如何促进教师自主专业发展，进而使学生获得全面发展，就成为当前一项意义重大的研究课题。

（三）行动研究为教师进行教科研工作提供了平台

林崇德教授曾经指出：教师参加教育科研是新时期教育特点的一种表现。中学教师的科研不同于理论研究，这种研究必须基于教师的实际水平，立足于解决教师教育教学中的实践问题，而行动研究的方法为教师进行教科研工作提供了很好的平台。首先，行动研究承认每位参与研究人员的作用。研究过程透明化，使教师能自己决定研究的主题和过程，充分发挥教师实践性知识的作用，使普通教师不会因为自己“理论基础差”而对科研望而却步。其次，行动研究是教师合作式的交流，它关注的是理论与实践之间的联系。这使教师能真正弄清自己所采用的理论与外界所倡导的理论之间的差异，从而使理论更有效地指导教学实践。最后，新课程改革强调教师是课程的研究者和参与者，通过开展行动研究，教师能不断发现自身教育教学中存在的问题，从而在解决这些问题的过程中提升实践智慧，获得专业发展。

二、课题研究的理论依据

（一）概念界定

1. 自主

《辞海》中“自主”就是自己指导自己，不受他人约束或支配。对教师而言，自主应具有两方面的含义。一方面是教师作为主体对自身的指导和支配，使教师指向内在的自主，即自主性。它是教师的个性特征。另一方面是教师作为主体对客体的支配，使教师指向外在的自主，即自主权。

2. 教师自主发展

教师自主发展是相对于教师的被动的、消极的、规定性的发展而言，它强调教师发展过程中表现出的主动性、自觉性和独立性。具体而言，我们认为教师自主发展是指教师发挥自主性，运用自主策略，在元认知的调控下获得发展的过程。它表现为教师充分发挥主观能动性和激发责任感，积极开发自身潜能，建构性地确定职业发展目标，选择职业发展内容、途径和策略，通过自我监控、评价和反思等方式，自觉主动地调节和引导自己的教育教学动机、认知和行为方式，从而获得发展。

3. 对促进教师自主性发展的理解

我们认为，教师要想获得自主发展，需要来自两个方面的力量推动。一方面是学校不断创设有利于教师自主发展的文化环境，这是外在的力量；另一方面是教师自身必须转变教育观念，更新知识结构，不断反思和实践，产生一种主动发展的意愿，这是内在的力量。这两种力量缺一不可。本课题研究正是基于这种认识，从两方面入手，开展了一系列的工作，以此促进教师的自主发展。

（二）理论依据

1. 建构主义心理学理论

建构主义心理学理论对重新认识教师具有十分重要的意义。建构主义心理学的知识观、学习观和教学观体现出对人自主的关注。

建构主义心理学的知识观认为知识是动态增长的，在知识生成过程中个体具有主观能动的作用，知识的获得是通过个体主动建构来实现的。建构主义认为学习不是被动信息接受的过程，而是在个体主动改造和重组原有经验的基础上建构意义的过程，这种建构是不能由他人代替的。依据建构主义的观点，教师可以通过建构对自身有意义的心理表征从而在经验中获得学习和发展，这些心理表征可以被存储于记忆中，作为经验的形式得到修正。因此，教师对心理进行建构和重新建构的过程正是发挥自主的过程。

总之，建构主义心理学的意义在于它确立了一种新的认识论，它充分揭示了认识的能动性。教师教学过程也应该是一个不断学习的过程，因此，建构主义心理学对重视教师的内在动力和能动性具有非常重要的意义。

2. 自我决定理论

自我决定理论强调人的内在动机和内在调控的作用。目前该理论被运用于教师发展领域。它为帮助教师提高自主性，为自我决定发展的过程和结果提供了有力的理论依据。

3. 教师参加教育科研的重要意义

“教师参加教育科学研究，是提高自身素质的重要途径。”林崇德教授对中小学教师的发展寄予厚望，在《学习与发展》和《教育与发展》中多次重申这样的观点，并就中小学教师参加教育科学研究的必要性和可能性展开了详细的论述。

4. 提高教师自我监控能力是培养教师的根本所在

林崇德教授认为，教师的自我监控能力又可以叫作“自我反思能力”，不管是教育监控能力还是教学监控能力都是教师的自我监控能力，其实质是我国古人所说的“吾日三省吾身”，即自我意识在教师中的表现。“教师的自我监控能力的根本作用在于它使教师能有意识地、自觉地对自己的教学教育活动进行调节和修正，使之达到最佳效果，能最大限度地促进学生的发展，这也是我们培养教师的根本所在。”

三、研究目的和方法

在本研究中学校力图探索一套行之有效的校本教师管理操作方式，通过创建“教学—培训—研究”三位一体的研究文化，为教师自主发展提供良好的条件，引导教师“以奋斗者为美”，终身学习。同时运用行动研究的方法，教师通过自我反思实现自身的专业成长。

四、研究过程

（一）课题的启动

首先，成立了课题研究小组，并提出了课题研究要求。选用学校行政、年级组长、学科组长、教学能手为课题组主要成员，全体教师人人参与课题研究。对课题组成员提出五项要求。①立足实际，申报课题，从教书匠走向研究者，努力做到“三勤一敢”：勤读书、勤反思、勤总结（经验+反思=成长），敢创新（突破定式，超越自己）。②甘于付出，积极主动投入研究活动。③学会互动共进，合作双赢。④尊重事实，实事求是地总结研究经验。⑤遵守研究道德和纪律。

其次，大力开展教师培训活动。我们始终把教师培训作为教师自主发展的中心环节来抓，让培训工作贯穿课题研究的始终，认真组织校本培训。一是开展教育科研常识的培训，主要是让教师了解课题研究的目的，掌握教育科研的基本方法和环节，为课题研究奠定基础。二是开展现代教育理论的学习培训。我们把提高教师的教育思想、教育境界、专业素养、专业人格作为培训的关键问题来抓。一方面组织教师专题学习新课标、新思维，为课题研究提供思想指引。另一方面，邀请华南师范大学谢幼如、梁永丰等高校专家以及东莞、江门、佛山等地的学科教研员到我校开展教师培训工作。这些专家教授不仅开展讲座、座谈会，还深入课堂听课和指导，为我校教师打开了通往现代教育研究的大门，引领我校广大教师走上自主发展的道路。三是组织和参加新课程培训活动。我校全体教师先后参加了区市教育局组织的课程改革通识培训和学科培训活动，新课程理念在学校得到广泛传播，课题研究同课程改革实验相结合。四是积极开展对外交流活动，拓宽教师的视野。我们先后派出100多人次到省内外参加教育教学交流学习，还借力广东省龙海平名校长工作室的跨区域“名校长工作室论坛”活动平台，让桂江二中的年级组长、班主任、学科组长登台演讲，分享教育教学研究心得体会，拥有成功的体验。

通过学习培训，全体教师确立了自主发展的思想，学会用“活眼光”看自己。他们普遍意识到，学会研究是自主发展的前提，自主发展是一个过程；发展有快慢，发展有先后，发展是多方面的。

（二）课题的实施

1.“四个一”行动方案是课题研究的航标和轨迹

第一，认准一个目标：用教师的自主发展促进学生发展和学校发展。德国哲学家雅斯贝尔斯说，教育是一棵树摇动另一棵树，一朵云推动另一朵云，一个灵魂唤醒另一个灵魂。教师的自主发展必然会成为促进学生发展和学校发展的强大动力。

第二，遵循一个原则：“短、实、快”的问题解决原则。“短”即课题研究周期要短，一个学期选择并完成一项子课题。我们要求研究者在开学初申报子课题，在学期末提供研究成果。“实”即选择子课题要联系学科教学和班级管理的实际。我们一方面积极引导教师从两个方面选择子课题，即从课堂教学改革及课堂教学评价方面选择子课题，从德育管理包括班级文化建设和班会课、团体心理辅导方面选择子课题；另一方面规定每个申报的子课题原则上都要提供一节研究课（学科课或班会课），一份课题研究报告（或课题论文或阶段报告）。“快”即课题成果生成要快，课题成果评价的节奏也要快。这样更符合现代中小学教师工作快节奏的实际情况，也更便于研究者及时发现研究中的问题，不断地感受到成功的乐趣。

第三，建立一种机制：“教学—培训—研究”三位一体运行机制。构建“教学—培训—研究”三位一体的管理机制，让教学管理、教师培训、教育科研有机结合起来，实现“三大解放”目标：解放教师，让教师主体精神得以弘扬和提升；解放课堂，让课堂焕发生命活力；解放学生，让学生成为个体精神生命发展的主人。

第四，创建一种文化：“以奋斗者为美”的价值引领型学校文化。让全体教师认识到，教学实践、教师培训、教育科研是提升教师专业能力的有效路径。发扬艰苦奋斗精神是新时代教师必备的品格。“以奋斗者为美”的价值引领型学校文化是教育高质量发展的一种有效表达方式。

2.“六个一”行动是课题研究的具体运作方式

一是每位教师每学期申报一个课题。教师通过内部办公网填写《子课题申报表》，经过课题组审查通过后按计划实施。

二是每位教师每学期提供一节与课题研究相关的研究课。

三是每位教师每学期要提供一份课题研究报告或相关论文。

四是每周五组织一次校本全员培训活动，时间不少于60分钟。培训者和受训者都来自本校，培训内容围绕教师在教育、教学研究中生成的问题（问题即课题）来展开和实施。

五是课题组每学期举办一次课题研讨会活动。

六是课题组每学期组织一次专家指导活动（不少于5天）。

3.“三个制度”建设是促进教师自主发展的重要保证

第一，建立“自我反思”的教学机制。学校要求青年教师在教学后进行反思，自觉撰写“课堂教学反思日记”，课题组骨干成员进行审阅，帮助青年教师改进教学方式和提升教学经验，形成创造性的见解或行动策略。课题组鼓励全体教师撰写教学案例，对优秀的教学案例进行评奖。

第二，建立“同伴互助”（基于对话）的教研制度。这种教研制度对教师提出了如下要求。①每位教师的研究课都向全校教师开放，实行“人人公开课”活动，让教师积极主动争取同伴的帮助。每学期教师都必须听评10节校内研究课，并交书面听课、评课资料。每位评课者必须带着任务听课，关注课堂发生的重要事件。评课力求充分，要生成“有效教学”的策略和理念。②建立以教研组为单位的互助合作小组。③切实抓好“教学案例”。各课题互助合作小组要积极推荐优秀教学案例参加学校组织的评比活动。

第三，建立“专业引领”的指导制度。“专业引领”的指导制度表现为三个开放。①向上开放，我们与本区市教学研究室的研究人员联系，请教研员深入学校指导。同时与专家密切联系，邀请他们深入课堂听课和指导。②向外开放，组织教学开放日活动。③邀请兄弟学校的老师以及本校的学生家长听课、评课，利用“他山之石”攻本土化之“玉”。向内开放，利用本土化的学科专家、“领域专家”，指导学科组教师开展教学研究，进行隐性的专业引领。

4. 突破评价改革难关，为课题研究保驾护航

第一，学生差异化发展性评价改革。尊重学生的发展差异和发展意愿，建构德智体美劳“星级”学生评价机制。引导学生根据自身情况，对照要求，自主申报一到五星级发展计划，每学期通过小组评价、班级评价和年级评价摘取相应的星级，引导教师树立正确的教育观、质量观和学生观。

第二，促进教师专业成长的差异化发展性评价改革。经过努力，我们建立了三型教师（达标型教师—能手型教师—专家型教师）评价机制，为教师专业发展铺设成功的道路。学校不再用单一的学生成绩来衡量教师业绩，而是围绕新课改实践情况，对教师的课程解构、重构能力，培优扶弱工作的落实情况，对自身专业发展认知的广度和深度进行有差别的个性评价。这种评价有的放矢，针对性强。正如有的教师所说：“这种评价能较全面地反映每个教师独特价值，我觉得公平、公正。”“我的工作方向更明确了，参与教改的信心更足了。”

五、研究成果

（一）课题研究成为教师群体的一种生活方式，成为校园文化的重要组成部分

课题立项后，我校教师在学校行政、教研组长等骨干成员的带领下，充分弘扬主体精神，积极投入科研实践，科研队伍迅速壮大起来。我们全体教师以理论为友、以大师为师、以实践为根，在行动中研究、在研究中行动。大家潜心向学，上教改研究课，写反思日记和教学案例，参加校本培训，与同事探讨教法，与学生讨论学法，与家长交流教育对策，迸发出前所未有的探索、研究热情，科研之火燃遍校园的每个角落。今天，学校这种学术研究氛围已沉淀为一种文化、一种传统、一种精神、一种生活方式，成为我校师生可持续发展的巨大动力。

学校通过课题研究，构建了“教学—培训—研究”三位一体的校本教师管理机制，这个管理机制在行动研究中被不断地创新和优化，促使我校教学管

理、教师培训、教育科研成为一个有机的整体。教学常规管理制度、教师学习进修制度、科研奖励制度、三型教师评价制度、奖教奖学制度等相互衔接。学校用发展的眼光看待教师，发展性评价成为学校制度建设的重要指导思想，教师的自主发展有了制度保障。我校教师已经清醒地认识到，教学实践是科研课题的生长点，培训和学习是教师发展自我的需要。在行动中研究、在研究中行动是现代教师职业生活的重要方式。教学即研究，教师就是研究者。课程即资源，教师就是教学资源的开发者。

（二）课题研究促进了教师的发展，课堂教学活动焕发出生命活力

通过课题研究，我们欣喜地看到教师的角色开始发生变化。教师从知识灌输者转变为学生学习的促进者，从被动使用教材的教书匠转变为课程资源的开发者。走进课堂，我们高兴地发现教学组织形式开始走向多样化。师讲生听、师问生答的被动、单一方式得以突破，课堂较多地出现师生平等参与、积极互动、共同发展的生动局面。学生的学习方式也发生了变化，自主学习、合作学习、探究学习，形式多样。课堂气氛“热闹”而“有序”，常有“惊喜”，常有“顿悟”。

课题研究让教师发展提速。近三年，学校教师参加教育教学活动，成效显著。

教师应邀在省内外开设讲座、示范课200余次。其中送教到贵州黔东南，广东云浮、韶关、江门等地80多人次。

教师在参加区级以上的“命题、说题、作业设计”比赛获奖92余次，参加市级以上“说课”比赛获奖30余次，参加省级“录像课”比赛获奖48余次。其中，朱凌老师的音乐课例被评为2022年省级基础教育精品课和佛山市“基础教育精品课”，彭洪涛老师的化学课例被评为2022年佛山市“基础教育精品课”。

省区市各级名师涌现。苏乔花被评为广东省特级教师，受聘为广东省乔花动漫项目主持人。龙海平受聘为广东省名校长工作室主持人、佛山市“省级基础教育领军人才工作室”主持人和南海区名校长工作室主持人。青年教师陈小红被评为佛山市学科带头人、南海区基础教育领军人才，受聘为佛山市南海区教育发展研究中心兼职教研员。廖苇山教师受聘为南海区教育发展研究中心兼职教研员。朱凌、凌静等26位教师被区和街道评为学科带头人和骨干教师。

（三）学生获得了多方面的发展

随着教师科研意识的不断强化，科研实践的不断深入，教育教学观念不断得到更新，学生的学习行为方式也发生了可喜变化。从学习情感上看，由于教师在教学中注入了人文情怀，创建了新型的师生关系，有效地进行价值引导，不断地给予学生成功激励，学生的参与意愿、表现欲、求知欲、创造欲不断得到满足，因而在学习上变得积极、主动和自信。从学习方式上看，由于教师实现了角色的转变，学生在课堂上表现出“三不”“四敢”：不从众，不唯书，不唯师；敢于否认教材，敢于否认名人，敢于否认教师，敢于否认自我。从学生习得的知识形态上看，由于教师在传授知识的价值追求上突出了基础性知识、过程性知识和策略性知识的教学，学生的自主学习能力得到了长足发展。

“后进生”问题一直是担任班主任工作的老师选择的一个研究热点。许多老师感慨：“后进生不能只考虑知识层面的帮助”，“帮人要先帮心”，“学会团体心理辅导，班级存在的很多问题都可以通过这种方式解决”，“尽可能尊重学生，才有可能教育好学生”，“让每一个站起来发言的同学都能体面地坐下来，这很重要”，“没有任何一个方法可以适合所有的孩子”，“再好的办法，如果没有学生的自主教育都是无效的”。这些都是老师们在“转化后进生”和班级管理中灵活运用北京师范大学发展心理研究所编撰的《中学生成长导航》教材中介绍的心理辅导方法的感悟。

（四）课题研究促进了学校发展，学校的社会声誉不断提高

近年来，桂江二中中考成绩不断提升，全面促进了学生的成长。2021年普高录取率达到77.7%，2022年普高录取率达到78%，成为区域翘楚。毕业生发展良好，2021届毕业生雷旸同学被列为广东省“英才计划”2022数学培养对象，全省仅12人，雷旸是南海区唯一一个入选的学生；2023届毕业生余政熹入选南海区“少年科学院”。

学校成为广东省“数字化协同创新共同体”牵头单位、佛山市“优秀传统文化艺术传承学校”、南海区“劳动教育特色学校”、南海区“深度课堂项目实验学校”。

六、研究结论

第一，“教学—培训—研究”三位一体的管理机制是促进教师自主发展的重要条件，是行之有效的校本教师管理操作方式。长期以来，学校抓管理、抓常规，教师只管教书，培训和科研是上级主管部门的事，即使培训和科研由学校负责，运作起来彼此之间也是独立的、封闭的，培训、科研与教学几乎是独行的三条道。参加培训与科研成为教师一种额外的负担，教师在其中找不到成功的乐趣。“搞科研影响教学”“搞培训浪费时间”，是大家公认的事实。通过行动研究，我们构建了“教学—培训—研究”三位一体的管理机制，使教学管理、教师培训和教育科研形成了管理的合力，实实在在让教师感受到了研究带来的实际效果和工作的乐趣。

第二，教师参加教育科学研究是提高自身素质的重要途径。教育科研具有开发力。每位教师都有潜在的创造力和智慧，教育科研的过程就是开发教师潜能的过程。教育科研具有提升力。教育科研不仅提升了校长的办学理念，确立了学校先进的教育观、教师观、学生观，同时也丰富了教师的经验，使教师从事教育教学实践更加具有主动性和创造性。教育科研具有凝聚力。教育科研好比一块磁铁，把教师与教师、学生与学生、教师与学生凝聚起来了，教师与学生的精神面貌变了样，促进了校园人际关系和谐发展。

第三，构建校本研究的和谐环境，是学校可持续发展的重要条件。在教师队伍中蕴藏着巨大的教育资源——无穷的潜能、智慧与创造力。它不仅需要我们去发现，而且需要我们去开发。能否构建校本研究的和谐环境，引领教师走科研兴教的道路，让教师成为研究者、自身潜能的开发者，这是决定学校发展成败的关键。因此学校很有必要把建设一支善科研、高素质的教师队伍作为管理的深层目标来追求，努力构建符合教师研究需要的工作环境和管理机制。“解放教师”是现代学校管理的一个重要任务，“教师自我解放”是学校持续发展的可靠保证。只有“解放教师”和“教师自我解放”两方面实现有机统一，才有可能实现学校的持续发展。

第四，行动研究是符合中小学教师实际的科研方法，应当大力推行。我们开展行动研究的操作方式有两种。一种是“基于问题的研究”。为了让教师尽快掌握这种方法，我们把它简化为六个环节。①找出存在的问题。②确定和分析问题。③寻求问题解决的条件。④问题解决的过程。⑤问题解决的结果。⑥理论的发展。实践证明，刚开始接触行动研究的老师，普遍喜欢这种方法。另一种是“叙事研究”（或个案研究）。研究者关注“教育事件或情节”并且从中去提升“教育理念或策略”。研究者不再依赖于他人的话语，而转向直接讲述自身经历的、看到的、听到的教育事件或情节、问题，并对这些“原汁原味”的材料进行剖析和探究，从中发现蕴含其中的“质”，提出相应的教育策略。其研究轨迹是：发现与叙述“个案”—解释事物的“质”—提炼其教学结构与境界—建构其原理或原则（特征）—传播、唤起有识之士的主动参与意识—共同创新更多的“个案”。这些各具特色、丰富多彩的“个案”又成为研究的新对象和新起点，如此往复，在生成、扬弃与超越中，逼近对真理的认识，建构符合本真教育的策略。有一定研究基础的同志，往往选择这种方法。行动研究是从实践出发，发现自身教育教学中的问题，并寻求问题解决的过程。它的成果来源于实践，最终服务于实践，具有很强的震撼力、感染力和说服力，非常适合中小学教师工作的实际。

七、对本研究的反思

促进教师自主发展对学校来说是一个持续的过程，课题的结题并不意味着这个过程的结束，而是新阶段的开始。成绩只能增强我们的信心和勇气，反思我们走过的路，许多地方需要改进和继续努力。

第一，继续探讨教师“自我反思”（教师与自我的对话）的自我评价机制建立过程中的管理问题。教师自我反思的基础是自我认知，而正确的自我评价是教师改进教育教学的前提条件，如果教师有意无意地扩大自己的优点而缩小自己的缺点，只能使反思流于形式。因此，如何帮助教师建立自我评价的体系，我们必须认真思考和进一步去研究。实际上，要建立自我评价的体系，需要教师把自己作为研究对象，对自己的教学现象、教学问题进行独立的审视、思考和修正，不断改进教学方式和提升自己的教学经验、教学境界，进而改变自己的职业生活方式，最终形成相对稳定的职业品质，即素质。这个过程不仅漫长，而且艰辛。教师需要什么样的帮助？学校要做些什么？我们目前对此认识还比较肤浅。如何对教师的自我反思进行过程性的监控和指导，也是一个需要在实践中去解决的问题。

第二，继续开展同伴互助（教师与同行的对话）活动。教师与同行对话包括信息交流、专题讨论、经验的反思、合作研究等，目的是达到群体教学与研究的“共生互补”“经验共享”，实现个体之间真正意义上的双赢。我们目前的同伴互助活动局限于教研组内面对面的对话，形式比较单一，能否借助现代传媒技术开展更加广泛的、形式多样的同行对话是我们下一步要解决的问题。

第三，继续做好专业引领（理论与实践的对话）工作。专业研究人员、学科专家的理论指导，能克服教师“平庸化”的现象和低水平的经验重复。学校能为教师提供怎样的专业研究人员、学科专家作指导？教师需要什么样的专业研究人员、学科专家作指导？双方优化合作的机制怎样建立？这些问题，学校需要认真去思考和探索，这不仅要考虑运作方式问题，还必须考虑运作成本。教师自学理论是一种隐性的专业引领，理论的价值不单在“操作”，更重要的是在于给人以精神和气质的熏陶、智慧和思维的启迪、思想和观念的提升。教师学什么样的理论才能收到良好的效果，学校要为教师提供怎样的理论帮助，是我们下一步要解决的问题。

第四，科学地确定校本培训内容和选择培训教师，使培训更具针对性和实效性。校本培训不应该只是培训地点的改变、培训重心的转移，更应该是培训观念的更新和培训方式的变革。目前来看，我校培训内容的确定方式仍然是以行政干预为主，培训教师仍然是以专家、学者为主，属于“基于校长办学思想需要”的培训模式，今后也需要尝试“基于教师主动发展需要”的培训方式，培训内容让教师民主决策，培训教师更多地来自教师群体。我们设想：未来的校本培训，方式上应该是灵活性与多样性的统一，内容上应该是针对性和实效性的统一。

八、几点体会

一是校长应成为教育观念更新的先行者。因为校长的教育思想观念影响着整个学校的发展方向。

二是校长要放下架子，走进课堂、走近教师、走近学生，与师生一起在教育科研中成长。因为校长是教师中的一员，校长的自主发展也需要通过科研实践来促进。

三是校长要确立“培训是常规”的新理念，认真抓好校本培训工作。因为现代学校的发展离不开教师培训。

四是校长要与时俱进，在行动中研究、在研究中行动，尽量摆脱业已习惯的“理论”，不断反思自己的“内隐理论”，更新观念，重建校园文化。因为任何学校的发展都需要相应的文化氛围来支撑。

"'练评讲'教育模式应用研究"研究报告

一、研究的意义与价值

（一）研究的背景

笔者进行"练评讲"教育模式实践和应用研究已有18年的时间，先后在4所学校实践，取得了比较突出的成效。

第一所学校石肯中学是一所农村初级中学，2005年至2007年，笔者任石肯中学校长。全校700多名学生，38位教师，可谓学校小，教师少。学校小，生源质量局限性大，没有规模优势，优秀生源外流严重。老师少，教师跨级、跨科现象比较多，教师流动少，多年不变熟悉的面孔，很难开展教学研究活动。中考成绩不理想，使学校长期处于极其落后的地位，究其原因，学校缺乏教学和管理创新的现代文化意识，导致师生动力不足。针对这一现状，笔者带领全体老师打破传统教学"教师先讲—学生做练习—教师评讲练习"的"讲—练—评"的做法，让学生走在老师前面，实施"学生先练—助教（自愿当老师助手的学生）先评—老师后讲"，整个过程以小组为单位进行组间竞赛，我们称它为"练评讲"教学模式。正是"练评讲"教学模式的实施改变了石肯中学落后的面貌，其教学质量快速提升，中考成绩从南海区末位进入南海区前10名。这一令人鼓舞的成绩，增强了我们进一步开展"练评讲"研究的信心。

第二所学校桂江一中是一所典型的城市初中，2400多名学生，150多位教师，全住宿学校，区位优势比较明显。但德育管理难度大，学校管得越严，学生对抗性越大。学生自主管理长期难以落到实处，究其原因：一是教学管理、德育管理以及学校的文化管理存在结构性不协调问题，没有形成管理合力；二是学校的培养目标过于宽泛，特色不明显。2007年9月至2012年9月，笔者任桂江一中校长，继续推进“练评讲”教学模式研究，实践发现，传统的班级管理方式无法满足课堂教学需要，于是打破常规，实行“组间同质、组内异质、动态调整”的分组方法，每个班分成5～7个小组，每个小组设置管理助教即助教组长，组内设置学科代表即学科助教，基本上实现了人人当助教、个个是干部的班级管理格局，我们把这种班级分组管理方式叫作“班级分组助教管理模式”。它的最大好处就是，将学科老师的课堂教学管理小组和班主任的班级管理小组合一，解决了教学管理方式和德育管理方式长期以来的结构性冲突问题。“练评讲”从教学向德育和学校整体管理拓展，最终完成“练评讲”教育模式的整体建构。

第三所学校映月中学（在2017年9月前名为“平洲三中”）是一所城乡接合部的初中，学生1000人，教师63人。周边几个大楼盘兴起，生源素质参差不齐，加上学校教育质量差，长期处于街道8所公办学校中的落后位置。硬件设施、师资配备、学校文化等方面都比较落后，是典型的薄弱学校。城市的家长和学生不愿意进农村薄弱学校就读，农村的家长和学生也认为学校接纳城市学生冲击了他们平静的生活。2012年9月笔者到平洲三中任校长，试图通过应用新的教育模式加快农村学校的教育城市化进程。那么，怎样去推行呢？应用研究需要让使用者愿意接纳，并且有好的使用效果后才有可能继续开展下去。鉴于对“练评讲”教育模式的满满信心，我们决定对它进行修订和完善，通过再实践建立快速应用推广机制，提炼出具有快速推广价值的研究成果。

第四所学校桂江二中属于典型的城市初中，2001年建校，2000多名学生，150多位教师，半走读半住宿学校，管理难度相对比较大。2020年9月笔者到桂江二中任校长。尽管建校将近20年，但至今仍然没有找到自己的特色发展方向，文化建设内涵不足，加上物理空间的限制，学校处于超负荷发展状况，本来设计24个教学班的规模，如今实际上承载着42个教学班的规模。学校领导、教师和家长也期待能通过开展教研教改提高学校知名度和美誉度，让学校走出困境，找到发展新路。

由于本研究立项时间和研究主要过程在映月中学（当时名为“平洲三中”），所以本报告侧重总结“练评讲”教学模式在映月中学的实施情况，不当之处敬请谅解。

（二）研究的理论依据

1. 陶行知的教育思想

陶行知提出“教学做合一”的教育思想。他认为教、学、做是一件事，不是三件事。他主张教师在学生“做”的基础上“教”，学生在“做”的过程中“学”，在“学”的过程中“做”。学校教育要关注学生的主动性、实践性和体验性。

2. 建构主义教育理论

建构主义认为，学生知识技能的获得主要是学习者在一定的学习情境下，在学习活动中借助他人（包括教师和学习伙伴）的帮助而进行的，而不是通过教师传授得到的。因此，建构主义学习理论认为，情境、协作、会话和意义建构是学习环境中的四大要素。

情境：学习环境中的情境必须有利于学生对所学内容的意义建构。因此，在建构主义学习环境下，教学设计不仅要考虑教学目标，还要考虑有利于学生建构意义的情境的创设问题，并把情境创设看作教学设计的重要内容之一。

协作：协作发生在学习过程的始终，协作对学习资料的收集与分析、假设的提出与验证、学习成果的评价以及意义的最终建构均有重要作用。

会话：会话是协作过程中不可或缺的环节。学习小组成员之间必须通过会话商讨如何完成规定的学习任务。此外，协作学习过程也是会话过程，每个学习者的思维成果（智慧）为整个学习群体所共享，因此会话是达到意义建构的重要手段之一。

意义建构：这是学习过程的最终目标，帮助学生建构意义就是要帮助学生对当前学习内容所反映的事物的性质、规律以及该事物与其他事物之间的内在联系有较深刻的理解。获得知识的多少取决于学习者根据自身经验去建构有关知识的意义的能力，而不取决于学习者记忆和背诵教师讲授内容的能力。

建构主义提倡在教师指导下的、以学习者为中心的学习，既强调学习者的认知主体作用，又不忽视教师的指导作用，教师是意义建构的帮助者、促进者，而不是知识的传授者与灌输者。学生是信息加工的主体，是意义的主动建构者，而不是外部刺激的被动接受者和被灌输的对象。

（三）研究的意义与价值

第一，开展“练评讲”教育模式应用研究，有利于完善“练评讲”教育模式的理论体系。如果说此前的石肯中学和桂江一中的研究是从实践到理论的过程，那么本研究就是对理论的再验证、再实践过程，这无疑是“练评讲”教育模式走向大面积推广应用的基础性的工作。

第二，开展“练评讲”教育模式应用研究有利于推进学校转型、教育教学方式转变。学校的发展必然与经济社会发展的要求相适应，不同背景的学校，面对的问题不一样，转型的路径和策略必然有所差异。但是社会发展对学校发展的影响会有一个大致的逻辑。这是不同的时期，学校承担的任务不一样决定的，表现为教育教学方式的侧重点不一样。总体上看，在农业经济时代，知识的传承很重要，教师怎么“教”受到更多的关注，赫尔巴特的教育思想在这一时期受到青睐，学校的教育方式以“会教”为中心。工业经济时代，新知识的学习很重要，学生怎么“学”受到更多的关注，杜威的教育思想在这一时期得到前所未有的推崇，学校的教育方式以“会学”为中心。知识经济时代，知识的创新很重要，学生怎样获得实践能力和创新精神受到更多的关注，瑞文斯的行动学习理论在这一时期逐渐被人们认同，学校的教育方式必然向“会练”为中心转变。

“会练”的实质是就是“会实践”“会体验”“会行动”。学校的教育实践活动与经济、社会实践活动是有区别的，如果说经济、社会实践活动是人们参与社会生活的真实反映，那么学校的教育实践活动更多的是一种前置性的实践活动，即立足于“会”的实践活动。从这个意义上讲，“练评讲”教育模式是一个由教师“会教”向学生“会学”再向教师指导学生“会练”转变的学校育人方式变革过程。它必然为人们打开“会练”的一扇窗，让更多的人看到教学方式、德育方式、学校整体育人方式转变的可行性。

第三，“练评讲”教育模式应用研究，有利于解决困扰学校发展的结构性冲突问题，助力薄弱学校走出困境。在教育改革实践中，教学管理、德育管理与学校整体管理三者之间不协调，没有形成合力，导致结构性冲突的问题得不到有效解决，造成教育改革“结构性”操作难。“练评讲”教育模式把学生怎么学、教师怎么教、班级怎么管、学校怎么育人融为一体，有效地解决了教育教学改革实践中“结构性”操作难的问题，可以帮助映月中学走出困境。

二、核心概念的界定

（一）“练评讲”教育模式

“练评讲”教育模式，就是以“让学生走在教师的前面，做最好的自己；让教师走在校长的前面，做教育的先锋；让家长走进孩子的课堂，做教改的推手”为方向，以“学生练—助教评—教师讲—小组赛”为教学特征，以培养学生的公民风范、领袖气质、学者风度为目标，以“自主实践—同伴互助—名师指引—合作争先”为育人机制的一种学校教育方式。它的优势在于将教书育人、管理育人、文化育人、家校共育融为一个整体，创造出一种适合学生发展的教育。它包括以下四个方面。

1.“问题—探究—展示—反思”自主学习模式

它是指对眼前一个个需要解决的问题（老师设计好的测试题），学生千方百计地尝试解决问题并将结果展示出来，接受他人评点，然后进行自我反思的一种自主学习模式。

2.“练评讲”教学模式

它表现为“学生练—助教评—教师讲—小组赛”的课堂教学操作方式。其中的“助教”指的是学生助教，就是愿意当老师助手和同学帮手的学生，即“小老师”。学生助教既帮助老师主持课堂教学的一个或者多个环节，又帮助同学进行“一对一”的辅导。学校为“小老师”建立了一个“家”，即学生助教协会，协会的宗旨是：助教他人，快乐自己。这种模式注重发挥学生的主体作用，有利于培养学生的自信心和主人翁精神。学生先练、助教先评、教师后讲，给学生展示才华的机会，以及尝试错误和改正错误的机会，有利于培养学生的创新精神和实践能力。

3. 班级分组助教管理模式

为了更好地发挥学生助教的作用，充分调动学生的能动作用，我们把每个班级分为五个助教小组（学习小组），每个助教小组设助教组长一人，学科助教多人。班级以助教小组为单位开展各项评比和竞赛，包括课堂学习表现评比、轮流值日、轮流主持班会课等。学校为学生建立“好班”标准，制定“好班”的“四优”标准，包括“分组优”“评价优”“干部优”“管理优”。这种以助教小组为单位的班级管理机制，称为“班级分组助教管理模式”。实质上学校把一个班视作五个班，学生实现自主管理，班主任从教练员转变为裁判员。这个模式与“练评讲”教学模式相结合，使教学管理和德育管理形成一个整体，有利于改善长期以来学校管理中教学与德育不协调的状况，使教书育人和管理育人形成合力。

4. “练评讲”文化育人模式

“练评讲”文化育人模式就是以“树立公民风范、铸就领袖气质、磨砺学者风度”为目标，以“自主实践—同伴互助—名师指引—合作争先”为主要特征的一种育人机制。它与“学生练—助教评—教师讲—小组赛”的“练评讲”教学模式和班级分组助教管理模式相协调，直接回答学校要培养什么人和怎样培养人的问题。“练评讲”文化育人模式的实施，有利于拓宽学生成长的渠道，让学生在自主实践、同伴互助、名师指引、合作争先等诸多因素的协同作用下成就最好的自己。

（二）“练评讲”教育模式结构模型

“练评讲”教育模式结构模型图形象地表现了“练评讲”教育模式各要素之间的联系，如下图所示。

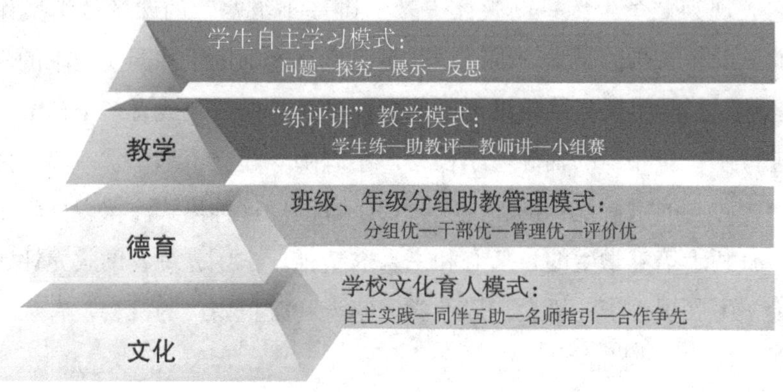

这说明“练评讲”教育模式是四位一体的组织结构。所谓“四位”，一是“问题—探究—展示—反思”自主学习模式，属于学生个人学习管理范畴；二是“学生练—助教评—教师讲—小组赛”的“练评讲”教学模式，属于教学管理范畴；三是班级、年级分组助教管理模式，属于德育管理范畴；四是“自主实践—同伴互助—名师指引—合作争先”的文化育人模式，属于学校整体管理范畴。所谓“一体”，是指上述四种操作模式有机结合在一起，构成“练评讲”教育模式整体。在这个整体里，教法、学法、管法、育法协调一致；学生自我管理和学校的教学管理、德育管理、文化管理协调一致。

“练评讲”教育模式是一种自下而上生长型的组织结构。其中文化管理是基础、德育管理是保障、教学管理是重点、学生自主管理是目的。

（三）建构性的应用方法

建构性的运用方法指遵循“练评讲”教育模式的“从教学改革到教育变革”的创建路径，让使用者在一定的目标和理论框架内因地制宜，创造性地运用、建构适合自己的又符合学校实际需要的教学管理、德育管理和文化管理等运行机制，我们形象地将其比喻为让使用者重走“长征路”。

三、研究的目标和内容

（一）研究的目标

1. 通过“练评讲”教育模式应用研究，完善“练评讲”教育模式的理论体系和运用规则。

2. 通过再实践，提炼“练评讲”教育模式实践的快速推广机制，为大面积推广提供可行性的方案。

3. 通过模式应用研究，进一步激发人的内驱力，改变学校的管理现状，助力薄弱学校走出困境，提高教育质量和办学水平。

（二）研究的主要内容

1. 开展“学生练—助教评—教师讲—小组赛”教学模式应用机制研究，解决学科快速推广问题。

2. 开展班级“分组优—评价优—干部优—管理优”的分组助教管理机制应用研究，解决班级自主有效管理问题，发挥管理育人的功能。

3. 开展“自主实践—同伴互助—名师指引—合作争先”文化育人应用机制研究，解决学校管理机制缺乏的问题，发挥文化育人的功能，实现育人方式变革目标。

4. 开展“练评讲”教育模式整体应用和快速推广机制研究工作，创新推广方法，探索大面积推广的有效策略。

5. 以“练评讲”教育模式应用研究为抓手，打造办学特色，形成办学特色优势，实现教育教学质量弯道超车。

四、研究的思路与方法

（一）行动研究法

不断观察“练评讲”教育模式应用过程中学生、教师和家长的接纳程度、参与程度，及时调整学科组、年级组以及学校各管理部门的实施策略。

（二）案例研究法

选取学科管理、班级管理、社团管理、家校合作、教师成长个案进行分析解剖，总结研究成果。

（三）问卷调查法

科学设置问卷内容，收集学生、老师和家长的意见和建议，不断改进实施方法，调整研究进度，提高研究效果。

五、研究的主要过程

（一）理论学习，营造氛围（2014年9月—2015年3月）

提供“练评讲”教育模式的相关资料，包括主持人在桂江一中时发表的一系列研究文章、桂江一中课题组的研究报告和课堂教学录像等，让教师学习和参考，了解这次研究的任务和价值；组织专题研讨会，鼓励老师积极参与“练评讲”教育模式应用研究，走科研兴教之路。

（二）建立“练评讲”教学应用机制（2015年3—9月）

提高教书育人实效。以备课组或者学科组为单位，以教学效果为导向，探索符合学科特点的“学生练—助教评—教师讲—小组赛”教学机制，稳妥实施“练评讲”教学。

（三）建立“分组助教管理”德育应用机制（2015年9月—2016年9月）

提高管理育人实效。在班级、宿舍、饭堂实施分组助教管理，建立学生自主管理评价机制，通过小组竞赛，提高德育管理实效，夯实课堂教学根基。

（四）建立“练评讲”文化育人应用机制（2016年9月—2017年9月）

提高文化育人实效。帮助各社团建立“自主实践—同伴互助—名师指引—合作争先”的文化育人机制，开展“先锋学生、先锋教师、先锋家长”评价工作，铸就管理特色，夯实文化根基。

（五）总结建构性的应用经验，提炼研究成果（2017年9月—2021年11月）

仔细梳理建构性应用过程中的得与失，看看“练评讲”教育模式理论体系是否得到完善、“练评讲”教育模式推广机制是否健全，还有哪些地方需要改进，申报结题，完成研究任务。

六、研究的主要成果与结论

（一）完善“练评讲”教育模式理论体系

在原有的基础上，总结出“练评讲”教育模式四大特点，具体如下。

1.“练评讲”教育是“会让”的教育

教育是培养人的社会实践活动，学校是培养人的机构。这个“人”包括学生、教师、学校教育工作者，也包括家长。而怎样对待这些“人”，则体现了教育的不同价值取向。“练评讲”教育的独特之处在于它突出了“让”的价值，把谦让作为一种最基本的学校教育方式来看待。它让学生走在教师前面，去做最好的自己；它让教师走在校长的前面，去做教育的先锋；它让家长参与学校的教育教学活动，去把握时代发展的脉搏，使“会让”成了一种教育姿态。“会让”的过程就是学校最大限度地调动学生、教师和家长积极作用的过程、为人的全面发展服务的过程、办人民满意教育的过程。

2.“练评讲”教育是“会练”的教育

教育方式要与经济社会发展相适应。农业经济时代，知识传承很重要，教师怎么“教”很重要，教育方式关注的重心偏重于“教”，属于以“会教”为核心的教育；工业经济时代，新知识的学习很重要，教育模式凸显了学生要如何去学，属于以“会学”为核心的教育；知识经济时代，知识的创新创造很重要，教育模式则凸显出怎样让人们去获得创新、创造思维的实践和训练过程，一个属于“会练”的教育时代已经来临。

学校的教育实践活动与经济、社会实践活动是有区别的，前者实质上是一种前置性的体验和训练活动，即“练”的实践活动，后者是一种现实性的实践活动，即真正意义上的实践。学校的教育实践活动的这种特殊性决定了教育的使命是要让每个参与者都获得更好的训练机会，在训练中获得高阶思维能力。在人人都要发展和人人都有机会发展的时代，“会练”是学校教育的必然选择。

实际上，人们对教育模式的探索也是一个渐进的历程。今天的教育如果还停留在“会教”与“会学”的时代，必然错失发展的良机。

3.“练评讲”教育是“合力”的教育

教育是一个系统工程，教育发展的力量由系统各要素运行过程中所形成的“合力”的大小决定。“合力”越小，发展越慢；“合力”越大，发展越快。“练评讲”教育的四个基本模式发挥合力作用的过程，就是学校有效破解教育实践中结构性冲突难题的过程。笔者先后在三所学校推行“练评讲”教育，深知“合力”作用的可贵。“合力”既是整体协作力，又是整体的发展力。

4.“练评讲”教育是“情智”并用的教育

教育不仅是一种智力活动，也是一种情感交流活动。“练评讲”教育不仅关注师生的认知过程，同时也对师生的情感过程给予高度的关注。“小组赛”的设置，“合作争先”机制的运用，“持续关注学生情绪变化”原则的确立正是“情智”并用最好的说明。

（二）总结出一种有效快速应用和推广方法：建构性的应用方法

所谓建构性的应用方法，就是遵循“练评讲”教育模式的“从教学改革到教育变革”的创建路径，让使用者在一定的目标和理论框架内因地制宜，创造性地运用，重走“长征路”，让学校的教改实践开出特色花、结出特色果。具体的操作过程如下。

1.建立“练评讲”教学模式建构性的应用机制，创设教书育人氛围

一是明确以“命题、审题、用题”为核心的新型集体备课制度，使教师以更加有效的方式进行集体备课。坚持教师先命题、备课组长负责审题，集体讨论是否用题的流程。

二是明确“好课”标准，即“练得好”“评得好”“讲得好”“赛得好”的课堂教学标准。

三是建立“五有”课堂监督机制，对课堂进行监控。五有课堂指：有练习卷（尝试练习、巩固练习、拓展练习），有学生先练，有助教评点，有教师精讲，有小组竞赛。每节课都有学生根据“好课”标准进行评价和记录。师生在执行“好课”标准的过程中，逐步形成了反思的习惯，课堂教学效率在一次又一次反思中得到提高。

2.建立班级分组助教管理模式的建构性应用机制，创设管理育人的氛围

为了更好地发挥德育主体自主实践、自我教育的积极作用，更有利于培养学生对小组和班级的社会责任意识，我们指导学生明确“好班”的“四优”标准，包括以下四点。

一是分组优。“分组优”就是把每个班的5个小组人员分配好。我们要求在不抛弃任何一个学生的前提下，做到三个“有利于”：有利于促进每个学生的发展，有利于促进小组的合作与竞争，有利于促进班级的成长。因此，班级分组一定要坚持三结合原则：民主与集中相结合的原则、学生自愿与班主任调配相结合的原则、相对稳定与动态调整相结合的原则。

二是评价优。评价是管理的杠杆。5个助教小组成立之后，我们建立了小组评价和评比制度，明确评分标准，引导5个助教小组从学习、纪律、卫生等方面开展竞赛活动，引导班级实现有序、有效的发展。

三是干部优。实施班级分组助教管理之后，干部岗位多了许多。每个助教小组设有一名正助教，若干学科助教，还有若干生活助教岗位，每名同学都有机会去竞争这些干部岗位。为了优化班级管理，提高干部管理水平，我们建立了班级、年级、学校三个层面相结合的培训机制，定期培训学生干部，确定以“勤、实、细、恒”为干部履职的价值取向开展考评工作。要求每个干部做到勤学勤管、实学实管、细学细管、恒学恒管，正确处理管理与学习的关系，实践“铸就领袖气质、磨砺学者风度”的学校育人目标，做一个学习和管理两不误的好学生。

四是管理优。“管理优”是一个班级分工合作、有序、有效运作的基本保障。衡量一个班级的管理水平是否达到优秀，关键看两个指标：一看事事是否有人管，人人是否有事管；二看管人是否管到位，理事是否理顺畅。

3. 建立“练评讲”文化育人模式的建构性运用机制，实现整体文化育人的目标

为了保障“练评讲”育人模式顺利实施，我校建立了四个方面的保障机制。

第一，自主实践——“练”的机制。指导学生会、团委会、咏春拳学会、动漫社等坚持自主实践活动，包括时间、地点、内容、任务、评比等要走在老师的前面。

第二，同伴互助——“评”的机制。我校的社团组织活跃，慈善协会每次组织义卖或募捐活动时，家长的参与积极性都是最棒的，这与社团“同伴互评”机制发挥的作用是分不开的。

第三，名师指引——“讲”的机制。我们不断强化老师的“名校”“名师”意识，倡导“名校就是最善于为学生搭建舞台的学校”“名师就是最善于把学生推向前台的老师”等新观念。学生根据自己小组和社团的需要聘请“名师”作指导，保障社团沿着正确的方向发展。

第四，合作争先——“赛”的机制。正确处理竞争与合作的关系是学校管理的重要课题，我们在学生层面以“赛”为纽带，开展小组评比和竞赛活动；在教师层面以“赛”为纽带，开展备课组、学科组、年级组的评比和竞赛活动；在学校整体管理层面以“赛”为纽带，开展“先锋学生、先锋教师、先锋家长”评选活动，促进了团队和谐健康发展。

（三）培育出一所独具特色的全国课改名校，为薄弱学校改造提供了成功范例

“练评讲”教育模式的运用研究为学生、教师、家长和学校带来了良好效应，主要表现在以下四个方面。

（1）学生的自主性被点亮

培养学生的自我教育能力，让学生成为最好的自己，是所有教育包括学校教育、家庭教育、社会教育的共同要求，“练评讲”教育坚持“让学生走在教师前面，做最好的自己”，这正是我们追求教育理想国的具体体现。在课堂教学前，老师和学生一道设计问题；在课堂上，教师把学生推向前台，让学生当助教；在课后，助教小组要参与班级和学校的各种竞赛评比活动。

华南师范大学未来教育研究中心的汪晓东博士，在做“练评讲”教育追踪调查时发现，经历“练评讲”模式洗礼，毕业生的发展后劲超乎预期。2015年以南海区前100名优异成绩入读石门中学，如今在上海财经大学就读的全浩朝同学，在2019年3月被邀请回映月中学参加“练评讲”教育研讨会时很有感慨：“映月中学3年的助教经历，使我的胆量和口头表达能力有了明显的提升，初中毕业的时候我就已经不再害怕公开演讲了，甚至演讲时都不用打草稿。这种能力的养成对我的高中阶段与现在的大学学习和生活帮助特别大，它让我对学习和生活充满信心，让我轻松地交到很多朋友。”

（2）教师的主动性被唤醒

教育教学改革的关键在教师。准确地讲，“练评讲”教育改革是从教师开始的。一路前行，我们惊喜地发现教师身上有了可喜的变化。问卷调查发现，这种改变，认为来自教师自己对“练评讲”教育理念认同的有100%；认为来自自身需求驱动转变的有88%；认为来自学校教育教学流程改变后，引发学生学习方式变化倒逼自己改变的有85%。

事实上，学校在教师对“练评讲”教育理念普遍认同的基础上，通过教学流程的改变帮助教师确立新的教学观，激发教师主动发展的潜力。过去教师把主要的精力放在怎么教，或者怎么学上，忽视了怎么练才能发展学生的核心素养这一关键问题，导致课堂教学要么缺少互动交流，死气沉沉，要么热热闹闹，交流讨论，表面繁荣。学生的高阶思维能力得不到有效的训练，学科核心素养得不到有效落实。“练评讲”教学模式和育人机制，把学生练（自主实践）放在前面，把教师讲（名师指引）放在后面，无形中形成了一种倒逼机制，教师只有聚焦学科核心素养，以高阶思维训练为核心设计问题，认同课堂教学和教育活动中教师和学生的双主体地位，才能激起学生自主探究、合作学习的兴趣，从而牵制教育教学的牛鼻子。我们发现，教师备课时往往会找一些学科助教（学生）一起，设计下一节课的问题，交给他们一些协助教学的具体任务。课后也经常会有某个小组的同学一起来找老师讨论小组关心的问题。音乐、体育、美术等学科教师开学的第一课常常是和全班同学一起对整个学期的教学任务进行整体部署，每个助教小组都有具体的章节助教任务，能做到任务明确，目标驱动。

（3）家长参与教改的积极性被激发

学校开设“家长听课评课活动”课程，深度调动家长作为孩子第一教育者的力量。学校每个学期邀请全体家长走进课堂，与孩子一起参与学习，即家长听课，然后再给出一节课时间让家长发言、点评，即家长评课，最后再安排一节课的时间，让家长与所有学科老师沟通，共同解决孩子成长过程中遇到的实际问题。这一课程的实施开辟了家校合作的新途径，受到家长、学生的普遍欢迎。连续七年的家长参与听课评课活动出勤率都在95%以上，累计接待家长22400人次，回收有效的《家长听课评课意见表》21000份，家长对教学的满意度平均超过95%。

家长参与学校日常晚自修管理活动，每天每班基本上都有1位家长走进教室和学生一起晚自修。

家长参与校本课程“咏春拳”建设。2013年学校借力学生家长（当地武术名师），将传统的咏春拳项目作为一门课程开发和实施，成功地让咏春拳教学登上校本课课程的大雅之堂。经过多年的努力，形成了全校学生人人学咏春拳的良好氛围。全校每天体育大课间的咏春拳展演成了一道亮丽的风景线。全国各地的考察团来学校参观，都要亲身体验一下学校《咏春拳》课程文化的魅力。2018年8月学校被佛山市教育局评为“武术进校园示范学校”。

（4）学校的发展得到普遍认可，美誉度不断提高

“练评讲”教育改革与信息化建设相融合，得到了各级教育行政主管部门的充分肯定。2015年12月，笔者在教育部召开的“全国基础教育信息化应用现场会”上做《信息化让薄弱学校弯道超车》专题汇报，引发全国各地的积极反响。“练评讲”教育与信息技术相结合的做法，解决了长期以来学校教育教学方式“跑道”与信息技术“跑鞋”不相匹配的难题，避开了穿新鞋走老路的行动误区，实现了教与学的弯道超车。2019年12月，学校成功承办“第二届‘练评讲’教育研讨会”，来自全国各地的同行有800多人参加了会议。

“练评讲”教学模式被专家、学者誉为“本土特色的翻转课堂”。教育部基础教育二司装备处处长乔玉全、华南师范大学教授谢幼如、中国香港城市大学教授郭林科等深入课堂听课研讨，不约而同地认为，“练评讲”教学模式就是具有本土特色的翻转课堂。2013年7月“‘练评讲’教育模式的实践研究”成果获得广东省普教成果二等奖。2018年5月学校顺利通过南海区教育局高效课堂专家组的评估考核，被授予“南海区义务教育阶段高效课堂示范学校”称号。2019年1月教改成果获得佛山市普教成果一等奖和南海区普教成果一等奖。

中考成绩跃居桂城街道公办学校前列。2013年映月中学的中考成绩成功摆脱长期处于8所公办学校落后位置的困境，此后持续攀升，分别在2018年、2019年、2020年中考综合指标中进入街道前4名，与传统的老牌强校并驾齐驱。从2013年开始连续七年参加南海区教学质量绿色监测，综合指标是南海区公办学校最好的水平。学生在思想品德、学业水平、体育健康、艺术修养、社会实践等各方面的数据显示出学生发展比较全面、协调。

学科竞赛成绩显著。2013年8月，参加广东省传统项目（田径）学校锦标赛获得乙组团体总分第二名；2014年8月，参加广东省传统项目（田径）学校锦标赛获得乙组团体总分第六名；2015年8月，学校代表佛山市组队参加“广东省第十四届运动会”，获田径比赛学校体育组乙组团体总分第一名，创造了佛山市

参加该项赛事的最好成绩；2016年12月，参加广东省健身广场舞联赛总决赛获得全省冠军；2017年8月，参加广东省体育传统项目（田径）学校锦标赛获乙组团体总分第四名。

学生参加佛山市武术比赛屡创佳绩。2014年11月，学生参加佛山市首届传统武术锦标赛，获“集体项目成绩银奖”；2015年11月，学生参加中国南海国际武术大赛，获团体赛第二名；2015年11月，学生参加佛山市咏春拳大赛，获团体二等奖；2015年12月，学生参加佛山市武术协会成立30周年暨2015年第二届佛山市传统武术锦标赛，获“初中组集体项目成绩银奖”；2016年1月，学生参加2016年佛山市第三届传统武术锦标赛，获“初中组集体项目成绩银奖”。2016年学校被佛山市教育局评为“武术传统项目学校”；2018年学校被佛山市教育局评为“佛山市武术进校园示范学校”。

德育工作得到教育行政部门的肯定。2013年成为佛山市德育示范学校，2016年成为广东省家庭教育校园活动基地。

南海区级以上的名教师从无到有，教坛新秀脱颖而出。2012年学校拥有桂城街道级的骨干教师只有8个人，南海区级以上的骨干教师为零；2015年学校拥有桂城街道级的骨干教师10人，南海区级以上的骨干教师2人；2018年学校拥有桂城街道级的骨干教师、教坛新秀15人，南海区级以上的骨干教师5人。从2015年至今创建了两个名师工作室：南海区龙海平名校长工作室和桂城街道姚兵体育名师工作室。青年教师快速成长，郑幸老师是2013本科毕业入职的教师，第一年就担任“练评讲+电子书包”教改项目实验教师，2014年执教的《第三章三角形·回顾与思考》课例在2014年“一师一优课，一课一名师”活动中被教育部评为“优课”，2015年与人合作的研究论文《电子书包支持的初中数学复习课翻转课堂教学模式研究》获2015年第八届混合学习国际会议优秀论文奖。教坛新秀朱红妹、李雪华、黄丽华、吴志海、刘珊、熊东飞等多次受邀到广西、贵州、江苏、西藏、广东江门等地上示范课，成功地展示了“练评讲”教学法课堂教学风采，受到专家、学者赞誉。

主流媒体纷纷报道，“练评讲”教育品牌效应明显。例如，《中国教师报》对“练评讲”教育模式应用研究做了系列报道：2012年10月17日，头版头条刊发《龙海平：让学生走在教师前面》长篇报道；2013年10月30日，刊发《龙海平和他的“练评讲”教育》跟进报道；2015年4月1日刊发《从课堂教学到自主教育》跟进报道。2015年10月，《广东教育》杂志第10期第57—62页刊发记者潘孟良的长篇专访《对话龙海平：练评讲教育所蕴含的思想体系》；《中国教育报》2016年11月8日刊发《“弱+弱”可以变成“强”》，对跨区域联盟取得的成效进行报道；2019年11月26日刊发龙海平撰写的论文《“练评讲”教改激发师生成长内驱力》。中央电视台2020年6月24日，连线对话龙海平，专题介绍“练评讲”教学网课。《南方日报》、《教育信息技术》、佛山电视台等，都对“练评讲”教育做过专题报道。

（四）成立“练评讲”教育联盟

省内外30多所学校加盟，一些加盟学校推行“练评讲”教育，取得突出成就。

例如，江门市新会区大鳌中学就是薄弱学校转变的一个代表。大鳌中学原是江门市新会区的一所薄弱学校，在新会39所中学中排名倒数第一或第二。2015年9月启动“练评讲”教育模式应用研究，全面推行“练评讲”教育模式，经过三年的努力，2018年7月，首届参与“练评讲”模式应用研究的学生参加广东省中考，总平均分大幅上涨，综合排名从全区学校第39名上升到第22名。打破了长期末位的困局，综合成绩获得江门市教育局颁发的进步奖、新会区中考优秀奖。从2015年至今大鳌中学坚持每年承办一次跨区域“练评讲”教育研讨会。

又如，江门市新会华侨中学作为重点中学为适应就近入学政策变化进行转变，该校作为重点中学，原来初中部和高中部都是面向全区招生，近三年初中部只能接收就近入学的生源，教学质量面临较大的挑战。2016年9月主动加入“练评讲”教育联盟。2018年7月，中考成绩取得新突破，从原来全区第十二名上升到全区第六名。如今，初中部已经全面实施“练评讲”教育。

再如，四川省巴中市南江县思源学校，作为一所九年一贯制民办学校，2016年9月加入“练评讲”教育联盟，全校推行“练评讲”教育。2019年中考成绩综合指标全区排名第一，非毕业班各种教学竞赛成绩稳居前列，学校走上快速发展的轨道，成为当地教学质量最好的学校。

“练评讲”教育模式应用研究成效显著，影响力大。2012年以来，学校接待来自海南、江苏、福建、江西、湖南、四川、贵州等全国各地考察团500多个，累计超过4万人次。映月中学成为广东省乃至全国都有名气的课改名校。

七、存在的主要问题及展望

“练评讲”教育模式发展的建构是从课堂教学到教育的变革，具体来讲这种建构方式是一个从局部到整体的过程。在实践过程中，我们发现这种建构和推行方式有一个的弊端，就是思维局限性大。看得见树木，看不见森林。所以学校在使用的过程中需要具体问题具体分析，保持清醒头脑，避免方向迷失。接下来，我们将从目标、流程、监控和评价等方面做进一步的完善，让“练评讲”教育模式走得更好、行得更远。

鲁迅先生说过，“其实地上本没有路，走的人多了，也便成了路”。笔者相信在未来的日子里，我们的研究之路会越走越宽广。

“‘练评讲’教学法行动研究”研究报告

经济全球化，带来文化多元融合。文化的多元融合，促使人才成长方式多元化。建立在农业文明基础上的“老师讲—学生练—老师评”即学生跟着老师走的课堂教学方式，显然无法满足工业文明、后工业文明时代人才培养的需要，并受到前所未有的挑战。

课堂是课程改革的主阵地，老师怎样教、学生怎样学、课堂怎么管、学校怎样育人，教法、学法、管法与育法，这一系列的关系需要处理好。因此，对教学法进行改革创新是现代课程改革的迫切需要，也是教学现代化必须探究的问题。

如今，在教育改革浪潮的推动下，我们能否变换一下角度，让学生走到老师前面去做学习的主人？能否冲破传统教学法的固有思维，将教法、学法、管法与育法融合为一个整体？针对这些问题，笔者提出了“练评讲”教学法，先后在广东省佛山市南海区石肯中学（农村学校）、桂江一中（城市学校）、平洲三中（半农村半城市学校，2017年9月更名为映月中学）、桂江二中（城市学校）实践，历时19年，取得了突出的成效。现总结如下。

一、主要概念的界定

什么是“练评讲”教学法？所谓“练评讲”教学法，就是以学生先练、助教点评、教师后讲、小组竞赛为主要特征，以班级分组助教管理为依托的教与学相结合的组合运作方法。它表现为两种操作模式的有机结合，即练评讲教学模式和班级分组助教管理模式的有机结合。

什么是“练评讲”教学模式？所谓“练评讲”教学模式，就是“练评讲”教学法的课堂教学操作模式，它表现为“学生练—助教评—教师讲—小组赛”

的基本流程，简称"'练评讲'教学模式"或"'练评讲赛'教学模式"。

什么是练？谁练？练指学生的练习活动，包括笔练、口练、身练等，这里主要指学生要主动进行的一些必要的笔练、口练、身练活动。我们主张把练习分为三个层次，即尝试练习、巩固练习、拓展练习。

什么是评？谁评？评包括评价、评比、点评等，这里主要指学生助教点评。

什么是讲？谁讲？讲指讲授、讲解等，这里主要指教师讲授。

什么是赛？谁赛？赛指比赛，这里主要指小组之间围绕某一项或多项内容，通过量化记分的方式开展评比活动。

什么是学生助教？所谓"学生助教"，简单说就是愿意当老师助手和同学帮手的学生，即"小老师"。学生助教既帮助老师主持课堂的一个或者多个环节，又帮助同学进行"一对一"的辅导。学校为"小老师"建了一个家，叫作"学生助教协会"，协会的宗旨是：助教他人，快乐自己。学校秉持学生人人都是助教的理念搭建平台，让每个学生都成为优秀的助教。

什么是班级分组助教管理模式？为了更好地发挥学生助教的作用，充分调动学生的能动作用，我们把每个班级分为五个助教小组（学习小组），每个助教小组设正助教一人，副助教多人。班级以助教小组为单位开展各项评比和竞赛，包括课堂学习表现评比、轮流值日、轮流主持班会课等。这种以助教小组为单位的班级管理机制，就叫"班级分组助教管理模式"。这种模式遵循"分组优—干部优—管理优—评价优"的建构流程，是一个严密的管理系统。实际上学校把一个班当作五个班来看待，学生实现自主管理，班主任从教练员转变为裁判员。

二、策略、目标与过程

（一）研究策略与目标

本研究主要采用行动研究法，主要策略和目标如下。

第一，建立以命题、审题、用题为中心的新型集体备课制度。出好每节课的课堂练习，为"学生练"提供前提条件。与此同时，实施教师分组评价制度，学校不评价教师个人，只评价备课组和年级组，强化团队合作。

第二，建立"学生练—助教评—教师讲—小组赛"的"练评讲"教学法的课堂操作模式，即"练评讲"教学模式。明确"练得好、评得好、讲得好，赛得好”的“好课”标准，强化学生的自主、探究、合作学习体验，向学生的真实体验要教学效果。

第三，建立班级分组助教管理操作模式，明确“分组优、评价优、干部优、管理优”的“好班”标准，全面开展小组竞赛活动，向班级管理创新要质量。

第四，通过“‘练评讲’教学法行动研究”，建立务实进取的教师文化、自信自强的学生文化、舒心和谐的管理文化。

第五，通过教学改革实践探索，建立起一种既适应教育改革发展需要的，又便于推广的大众化的实施素质教育的方式和方法。

（二）研究的主要过程

“‘练评讲’教学法行动研究”，包括以下三个阶段。

第一阶段，初步成型阶段（2005年9月至2007年9月），在南海区石肯中学，尝试推行“练评讲”教学模式。

第二阶段，成熟阶段（2007年9月至2012年9月），在南海区桂江一中，深入推进“练评讲”教学模式和班级分组助教管理模式相结合的研究，建立好课标准和好班标准，创新学校管理文化，全面推行“练评讲”教学法，总结研究成果，提炼阶段性研究成果。

第三阶段，推广的阶段（2012年9月至2020年9月），在南海区平洲三中（2017年9月更名为映月中学），推进“练评讲”教学法研究，形成快速推广机制。

第四阶段，拓展研究阶段（2020年9月至2023年9月），在南海区桂江二中，建立“同组异质”和“同组同质”相结合的分组助教管理机制。让班级内不同层次的学生都得到更好地发展。

三、理论依据

（一）学习金字塔理论

美国学者、学习专家爱德加·戴尔于1946年首先发现并提出学习金字塔理论。后来美国缅因州的国家训练实验室用数字形式形象地展示了该理论——采用不同的学习方式，学习者在两周以后还能记住内容（平均学习保持率）的多少——比较直观地呈现了这一学习理论，如下图所示。

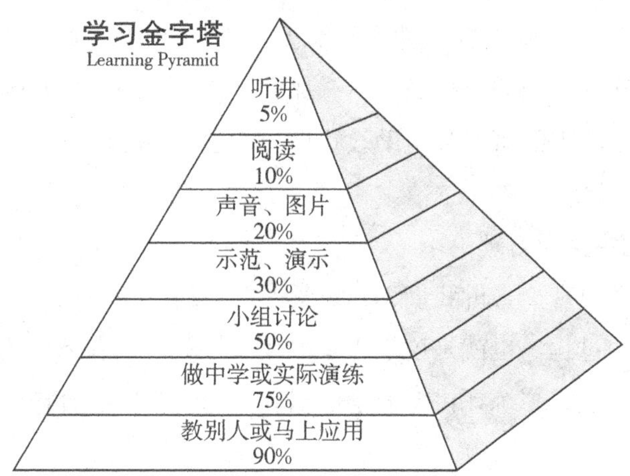

在塔尖，第一种学习方式——“听讲”，也就是老师在上面说，学生在下面听，这种我们最熟悉最常用的方式，学习效果却是最低的，两周以后学习的内容只能留下5%。

第二种，通过“阅读”方式学到的内容，可以保留10%。

第三种，用“声音、图片”的方式学习，内容可以达到20%。

第四种，是“示范、演示”，采用这种学习方式，可以记住30%的内容。

第五种，“小组讨论”，可以记住50%的内容。

第六种，“做中学”或“实际演练”，学习内容可以达到75%。

最后一种在金字塔基座位置的学习方式，是“教别人”或者“马上应用”，可以记住90%的学习内容。

爱德加·戴尔指出，学习效果在30%以下的几种传统方式，都是个人学习或被动学习；而学习效果在50%以上的，都是团队学习、主动学习和参与式学习。

“练评讲”教学法以“学生练—助教评—教师讲—小组赛”为基本流程，整个程序突出体现学生的主动性和团队学习的特点，而人人都是助教的理念进一步强化了“教别人”当“小老师”学习方式的积极作用。

（二）自我决定理论

自我决定理论认为人的行为按照目的或动机的不同而表现不同。由于目的或动机的不同，人的行为表现出自我决定的或是受控制的。自我决定的行为具有自主的调控过程，而受控制的行为则表现出依从或对抗。

自我决定理论强调人有三种内在需要：胜任能力、关系和谐和自主。如果人的这三种基本心理需要得到满足，那么人就会表现出更好的成就和发展。“练评讲”教学法中的班级分组助教管理为学生的胜任能力、关系和谐和自主需求提供了制度保障。

（三）建构主义学习理论

建构主义学习理论告诉我们，儿童学习能力的获得是在一定的外部环境影响下自主建构的过程。也就是说学生学习能力的获得是有条件的，需要教师提供必要的外部环境，“练评讲”教学法倡导的同伴互助、合作学习无疑是重要的外部条件。

四、成果的主要内容

（一）首创班级分组助教管理模式

班级内分学习小组、分层教学等早已有之。但让学生当助教，让助教上讲台，进而登上班级管理的平台、学校管理的舞台，并且制度化、常规化，这无疑是一种制度创新。实施班级分组助教管理的学校从小组到班级到学校都有完善的学生助教协会机构，学校各学科有助教协会分会，如慈善分会、艺术分会等。班级分组助教管理模式运用于学生宿舍管理和饭堂管理同样取得了显著的成效。每个宿舍分为两个小组，由正、副助教管理，两个小组开展竞赛，结果是就寝的纪律好、宿舍卫生好、内务整理规范整洁。每张饭桌都有正、副助教管理，文明用餐，相互监督，大大减轻了饭堂员工的负担。

（二）首创“练评讲”教学模式

目前，国内外尚无“练评讲”教学模式，本教学模式为笔者独创。查阅有关文献，有“讲练评”教学模式（有的也称“某某教学法”，实际上是一种教学模式）或者与“讲练评”相关联的教学模式。我们姑且将它们归纳为“讲练评”教学模式，便于同笔者所创造的“练评讲”教学模式做比较。

1.“练评讲”教学模式与“讲练评”教学模式的相似之处

查文献资料发现，以下教学模式与“练评讲”教学模式有一些相似点。如用于职业技术专业的“讲、练、评”教学模式，用于初中数学的“预、复、讲、练、评”教学模式，用于初中计算机的“演、讲、练、评”教学模式，用于初中地理“学、讲、练、评”教学模式，用于中学美术的“赏、试、讲、练、评”教学模式，用于中学政治的“导、读、议、讲、练、评”教学模式，这些教学模式都有“讲、练、评”三个字，操作上都有讲、练、评三个环节。

2.“练评讲”教学模式与“讲练评”教学模式的区别之处

第一，各环节的先后顺序不同。前者突出学生先练先评，教师后评后讲；后者突出教师先讲后评，中间环节是学生练。

第二，指导思想不同。两者之间表面上是各环节的顺序问题，实质上是教育思想、教学原则的区别。前者以学生的学为中心，后者以教师的教为中心，这是“练评讲”教学模式与“讲练评”教学模式最根本的区别。实际上教师先讲、学生再练、教师点评是一种普遍的课堂教学现象，司空见惯。但是“练评讲”教学模式，主张学生先练、学生助教先评，教师基于学生的问题后讲的做法，无疑是对司空见惯的教学行为的大胆挑战。

第三，实施的前提条件不同。“练评讲”教学模式的实施必须满足三个前提条件。一是教师必须精心设计每节课的练习题（或练习项目），便于学生通过练习，自己发现问题、产生困惑，并体验到发现问题、尝试错误的快乐。二是以班级分组助教管理模式为基础，班级有分组、学科有助教、小组有帮扶，便于开展小组竞赛。三是有评价标准（我们称为“好课”标准和“好班”标准），便于学生积极参与和有序参与。“练评讲”教学模式缺乏必要的教师管理和班级管理基础，则难以推行，而“讲练评”教学模式则无须附加上述特殊的管理条件。

第四，实施的范围不同。首先，从“练评讲”与“讲练评”教学模式的相似之处，我们可以看到，上述六种均为单学科的教学模式，而“练评讲”教学模式适用于初中所有学科；其次，学校全体师生都参与“练评讲”教学模式的实践；最后，“练评讲”教学模式不仅能用于班级课堂教学，它与班级分组助教管理相结合以后，还适用于班级日常管理，及全校学生日常行为规范管理（包括宿舍管理）以及学校教师管理。

（三）首创“练评讲”教学法

“练评讲”教学法由两个部分组成：一是班级分组助教管理模式，这是依托；二是“练评讲”教学模式，这是特征。也就说“练评讲”教学法，已经不是传统意义上的教学法了，它不仅考虑教师怎么教和学生怎么学的问题，而且把学校怎么管的问题一并考虑进去了。它让学校教学管理和德育管理有机地结合在一起了，破解了长期以来教学管理与德育管理各行其是的困局，让教书育人与管理育人功能得到充分的融合。从这个意义上讲，“练评讲”教学法是一种具有现代教育特征的教学法，这种特征表现在以下五个方面。

第一，“练评讲”教学法是一种以德育为先导的教学法。传统教学法无论是在理论层面还是在实践层面上，都很少涉及学校德育管理这样一个至关重要的问题。事实上，无论是在哪一所学校，任何时候育人都是第一位的，这是不用争辩的问题。但凡涉及怎么育人的问题，德育管理方式、班级管理方式都是首先要解决好的先导性问题。从这个意义上讲，离开班级如何管理的问题来谈论教师怎么教和学生怎么学的教学法，是一种本末倒置的做法，其教学效果必然大打折扣。今天的很多教学法效果平平，究其原因，基本上都是没有很好地落实德育为先这样一个基本的建构原理。

第二，“练评讲”教学法是一种以“会练”为核心的教学法，这是“练评讲”教学法最重要的特征。

第三，“练评讲”教学法是具有自主学习、探究学习、合作学习三位一体导向功能的教学法。从“练评讲”教学法中课堂“练”的环节来看，教师未讲之前，学生先做练习题，这是对学生超前学习的潜在引导，引导学生将自主学习的时间前置，对自主学习的空间进行了拓展，这样就把自主学习与探究学习有机结合起来了。从“练评讲”教学法中“评”和“赛”的环节来看，学生做练习题之后，学生助教组织大家互评和小组竞赛，这又把探究学习和合作学习结合起来了。可见，“练评讲”教学法具有自主学习、探究学习、合作学习三位一体的行为导向功能。从“练评讲”教学法中的小组结对子帮扶机制来看，结对子帮扶活动不仅在课内进行，也在课外进行；不仅在校内进行，也在校外进行。这样一来，自主学习、探究学习、合作学习三位一体的行为导向在课外和校外也发挥了积极的作用。我们的许多学生在寒暑假喜欢以小组的方式相互督促超前学习下学期的内容，就是“练评讲”教学法发挥积极作用最好的诠释。

第四，“练评讲”教学法是遵循双主体互动原则的教学法。从“练评讲”教学法的课堂教学操作流程可以看出，学生要操作的是“练”“评”“赛”三个环节，老师要操作的是“讲”的环节。这样，学生成为课堂学习活动的主体，老师成为课堂教授活动的主体。连接这两个主体的是学生、老师各司其职（自动）和相互协作（互动）的过程。学生“自动”的过程（主要体现在“练”“评”“赛”的环节中），就是课前和课中的自主、探究、合作学习的过程，这个过程基本上可以消化新知识30%～50%的内容，有时甚至达到60%。老师“自动”的过程（主要体现在课前“命题”和课中“讲”的环节中）就是师师互助、学生帮助，促进“精讲”的过程。而师生互动的过程，实际上只需要解决余下的40%～70%的内容。这样的机制完全符合新教改教材编写的原则和意图，也符合双主体互动的教学原则，必然会成为高效课堂的机制保障。

第五，“练评讲”教学法是与创新型育人方式相匹配的教学法。观念更新引发教学模式创新，教学模式的创新助推人才培养模式的创新。经过多年的实践，与“练评讲”教学法相适应的“练评讲”育人模式也逐渐成形。所谓的“练评讲”育人模式就是建立在“练评讲”教学模式基础上以“自主实践—同伴互助—名师指引—合作争先”为主要特征的人才培养新机制。它包括以下要素。①自主实践，“练”的机制。因为任何人才的成长都离不开自主实践的过程，它应该成为学校育人模式的第一要素。②同伴互助，“评”的机制。古人云：“独学而无友，则孤陋而寡闻。”学习是这样，品德修养也是如此。学校应该为学生搭建同伴互助的平台和提供同伴互助的条件。③名师指引，“讲”的机制。人才的成长离不开好老师的指导。培养学生向老师学习的习惯、向书本学习的习惯、向社会实践学习的习惯，是学校教育的重要任务。④合作争先，“赛”的机制。任何人才的成长都会离不开处处竞争、处处合作的社会环境，教会学生用合作的方式去竞争，正确处理竞争与合作的关系是学校教育的正确选择。

“练评讲”育人模式的成功建构是“练评讲”教学法又一个新的深化研究的成果。这一模式突出了人才培养的系统性和关键性，直接回答了学校怎样培养人的问题，触及了课堂改革的核心问题。所谓系统性指的就是教学模式和育人模式是一个对应的系统，一定的教学模式决定一定的育人模式。所谓关键性，指的就是育人模式不仅包含了人才成长需要具备的四个关键性要素，而且已经成功地将它们有机地组合在一起，有别于单项灌输式的育人方式。

（四）首创以“练评讲”教学法为纽带的家校合作新方式

在“练评讲”教学法的实施过程中家长特别关注两个问题：一是自己的孩子是否有机会当助教；二是自己的孩子是否能主动参与课堂。其实，家长所关心的问题也是学校最关注的问题，这样一来，家庭和学校无意之中形成了共同的关注点。这个时候，学校顺势而为，索性开放班级和课堂，让家长听课评课，于是一种以“练评讲”教学法为纽带的家校合作新方式便应运而生。家长可以利用听课评课的机会观察自己的孩子的课堂参与情况，及时有效地进行现场指导；教师可以利用家长评课的机会和家长一起探讨共同关注的问题；学生可以利用家长听课评课的机会接受来自家庭和学校协同教育。

五、推行的措施与策略

学校要想快速推行“练评讲”教学法需要采取以下措施与策略。

（一）建立“好班”标准，让学生在更大的范围内实现自主

“练评讲”教学法的课堂教学模式是建立在班级分组助教管理模式的基础上的，可以说班级管理是一个重要的基石。为此，学校制定“好班”标准。明确班级管理要达到“四优”，即“分组优”“评价优”“干部优”“管理优”。

（二）建立新型集体备课制度，让教师以更加有效的方式进行集体备课

使用“学生练—助教评—教师讲—小组赛”的“练评讲”教学模式教学，需要老师进行教学设计，将教材的重点、难点，转化为一个个具体的问题以便于学生在课堂上练习。因此，建立以命题、审题、用题为核心的新型集体备课制度，是教学设计的必然要求，教学设计过程遵循了以下原则。

1. 命题三原则

一是能力层次性的原则，每份课堂练习题都包括尝试练习、巩固练习、拓展练习三个层次，分别对应识记、理解、运用三个层次的能力要求，这样更有利于激发学生的学习兴趣；二是试题精确性的原则，每节新课都力求用一个典型的试题落实“知识与技能、过程与方法、情感态度与价值观”的三维目标，突出教学重点、突破教学难点，避免照本宣科，枯燥无味；三是理论联系实际的原则，命题既着眼于联系社会生活实际，又立足于学生的认知水平，充分考虑学生分析问题和解决问题的需要。

2. 审题三步骤

第一步，自己审，教师对照命题原则和要求，命好题后自己检查是否符合要求；第二步，他审，自己检查确定无误后，交给备课组长审查，备课组长要提出修改意见；第三步，集体审，命题人根据备课组长的意见做出修改后，提交备课组集体审查，集体审查时，命题人不仅要说清楚命题的意图，还要说清楚怎样使用，每位教师都要发表自己的意见和看法，大家对命题的意图和怎样使用都形成共识后，审题工作才算完成。

3. 用题三要求

一是学生先练，时间有保障；二是助教点评，人员有落实；三是小组竞赛，评分有记录、评比有依据。

（三）建立“好课”标准，让学生更加主动地参与课堂教学，养成反思的习惯

在“练评讲”教学法的前提下，我们认为，一节好课要具备四个标准，要做到“四好”，即“练得好”“评得好”“讲得好”“赛得好”。具体要求如下。

1. 练得好

“练得好”是指学生通过练习过程获得新的收获或者新感受的肯定性的自我评价。它涉及练习题设计得好不好、练习的时间够不够、课堂组织得好不好等多方面的因素。课堂上，教师要及时获取与学生自我评价相关的信息，对教学策略、教学进度做适当调整。实际上，学生是学习的主人，练习是学生获得学习技能的重要过程，所以练得好不好，是检验“练评讲”教学法教学效果的最重要的指标。但是，练得好不等于一定要练得对，有时出现错误、出现挫折也是一种需要，关键看有没有新的收获。

2. 评得好

“评得好”是教师和学生对学科助教评讲试题能力的一种期望。教师要利用这个环节对助教进行培训，不断提高他们的评讲能力。助教培养是一个循序渐进的过程，它贯穿于课堂教学的始终。有些观点认为，学生再讲得行，都不可能比教师评讲的能力强。实际上，在这个环节中不需要学生具有教师的水平和能力。学生是有所为有所不为，我们只需要他们负责那些力所能及的事，从中获得成功的体验，并不需要他们完全代替教师工作。

3. 讲得好

“讲得好”是“练评讲”教学法对教师的基本要求，也是学生对教师课堂表现的期待。学校要求学生从两个方面来评价教师在讲授环节中的表现。一方面是看教师讲得到不到位，能不能满足自己的需要；另一方面是看教师讲授时间占得多还是少。要求教师讲授要尽量占用少一点的课堂时间，把更多的时间让给学生。如果把课堂比作球场，那么教师就是教练，学生就是队员，教练能利用的讲解机会也就是“暂停”的那么一点点时间而已。球场上讲得太多的那个人不是教练，是看客或者是现场直播的主持人。所以讲得到位，又讲得少是对教师最重要的要求，是一节好课必须具备的指标。

4. 赛得好

“赛得好”是对小组成员课堂表现的一种肯定性的评价。在课堂中开展小组竞赛的作用是多方面的，首先能满足未成年人好赛、喜欢热闹的需要。其次能强化小组合作意识，让学生学会在组内合作、在组外竞争，正确处理合作与竞争的关系。最后能促进教学目标的实现，让课堂动力更足一些。所以，一堂好课，需要开展好小组竞赛，让小组之间赛出风格、赛出水平。实际上，赛场是人才成长的摇篮，姚明、易建联等这些球星不都是通过无数次比赛培养出来的吗？学生要想成为课堂明星，就得多参与课堂中的各项比赛活动，在比赛中展现团队的风采、在比赛中成就自己的学业。

为了让师生更好地执行“好课”标准，学校建立了“五有课堂”监督机制对课堂进行监控。五有课堂指：有练习卷（尝试练习、巩固练习、拓展练习），有学生先练，有助教评点，有教师精讲，有小组竞赛。每节课，都有学生根据“好课”标准进行评价和记录。师生在执行“好课”标准的过程中，逐步养成了反思的习惯，课堂教学效率在一次又一次的反思中得到提高。

（四）建立育人机制和评价制度，让教学与教育形成合力

学校教学改革和教育变革是一个不可分割的整体，教学改革需要教育机制做保障，教育变革需要教学流程做支撑。好的教学模式不能局限于课堂和班级，应该渗透学校管理、校园生活的方方面面。为了充分发挥“练评讲”教学法的积极作用，学校要建立与之相适应的“自主实践—同伴互助—名师指引—合作争先”的育人机制，也称为“练评讲”育人模式。这个模式让教学与教育形成了合力，为学生“做最好的自己”提供了更加便利的条件。操作“练评讲”育人模式，主要是明确学生、老师和学校的任务和要求，用评价制度对学生、老师和学校各方面的管理进行引导和督促。

1. 学生方面

学校要有相应的制度保障，让学生自主学习、超前学习、结对子帮扶、同伴互助。例如，假期里，学校大力倡导学生超前学习，学校提供必要的学习指引，开学后让学生参加学校组织的自主学习测试；课堂上，学校设“五有课堂”评价制度；班级里，学校有结对子帮扶小组评价制度；宿舍里，学校有助教小组在监管，学校为学生成立了助教协会，让学生“助教他人，快乐自己”。

2. 教师方面

学校也要有相应的制度约束，让老师操作“练评讲”教学模式和班级分组助教管理模式。例如，“五有课堂”评价制度，对老师也是一个约束，目的是让老师把学生推向前台，把自己巧妙地藏在幕后，前台出英才，幕后出高手。只有这样，老师和学生才能一起成长。

3. 学校方面

要建立以小组为单位的评价制度，引导学生和老师正确处理竞争与合作的关系，学会以小组合作的方式去竞争。学校的评价要遵循两个原则：一是以评价小组为主、评价个人为辅的原则；二是对内合作、对外竞争的原则。

六、实践的效果

“练评讲”教学法实践为学生、教师、班级和学校成长带来显著的变化。

（一）“练评讲”教学法让教师在服务中体验踏实与快乐

如果说教师的基本职能依然是“传道、授业、解惑”，今天的教师应该怎样去“传道、授业、解惑”？这个问题需要我们回答。换句话说，今天要当什么样的教师，才能更好地履行职责，需要有一个明确的价值取向。学生通过先“练”，先“评”，向教师发出“诉求”信号，教师根据学生的需要后“讲”，为学生提供帮助，教师明显地在服务于学生。事实上，教师的工作源于学生成长的需要，帮助学生、为学生成长服务是教师应有的价值取向。可以说，我们的课题转变了教师的角色意识，使上服务型的课、做服务型的教师成为一种时尚。这种时尚带来了教师行为方式的一系列变化：备课，以命题为核心，以集体为依托，学校取消了教案检查，写不写教案完全能由教师自主决定。我们认为，提供一份好的练习题是“练评讲”教学法实施的前提条件，因此教师备课最重要的是要命好题、审好题、用好题。要让每个教师做到最好，就必须依托集体的力量。为此我们建立了集体命题、集体审题、集体探讨如何用题的新型集体备课制度。该制度不仅有利于提高命题质量，更有利于教师在合作中成长。我们发现它对业务水平相对较弱的教师和新进入的教师的促进作用尤其明显。可以说，它让教师们多了一份踏实。上课，依靠学生，让学生做课堂的主人。学生练、助教评、小组赛，学生的事学生做，学生做不了的事，教师提供帮助。教师是嘉宾，受大家的尊重；教师是朋友，和大家一起探讨。这样上课，教师少了一份包办代替的苦恼，多了一份悠闲自在的快乐。辅导，走在学生队伍的最后面。评价，只看集体，不看个人。我们建立了与集体备课相适应的教学质量评价制度，以备课组为单位进行评比。个人与备课组荣辱与共，备课组成员之间一损俱损、一荣俱荣。这样一来集体必然要帮助个人，个人必然要为集体考虑，和谐之中洋溢着快乐。

（二）“练评讲”教学法让学生在自主中获得自信

学生的成长是教育教学工作的核心。学生成长的过程是一个在外部环境影响下自主发展的过程，课堂是影响学生成长最重要的环境条件。课堂好不好，直接影响学生发展。因此，什么样的课堂是好课堂，不仅需要一个标准来衡量，而且需要一种机制来保障。“‘练评讲’教学法行动研究”课题组给出了一个“好课”的标准，让每个学生都明白，一节好课要做到“四个好”。

一是练得好。“练”指做练习的环节，这是最重要的指标。练习题设计不好，练习不到位，甚至没有练习环节的课，注定不是一节好课。

二是评得好。“评”指学生和教师的点评环节。独学而无友，则孤陋而寡闻。有点评说明有朋友帮助，有朋友帮助才会有进步。

三是讲得好。“讲”指教师讲课、讲解环节。讲得好，又讲得少是对教师最重要的要求，是一节好课的重要指标。课堂时间是有限的，老师讲的时间多，学生能自主控制的时间就会少。所以，讲得多的课，肯定不是好课。

四是赛得好。“赛”指各种课堂比赛，如小组比赛、男女组比赛等。体育明星在体育竞赛中成长，学生在课堂学习竞赛中成长。所以，一节好课需要适当地组织比赛。

有了“好课”标准，保护机制就容易建立。一方面教师随时可以对照“好课”标准对班级助教小组提出明确的要求，或者建议学生到其他班级听课学习。因为在“好课”的四个标准中，有三个与学生的课堂行为有直接关系，课堂不好，责任并不全在教师。另一方面，学生助教协会对每节课进行评价和反馈，教师不仅可以及时了解本班学生的需求，还可以了解其他班级的课堂教学情况，发现和反思自己的不足。

凭借“好课”标准和保护机制，学生课堂表现更加出色，一个个助教小组在竞赛中成长，一批又一批优秀学生助教脱颖而出，自主学习、自主管理意识不断得到强化，自信自强成为学生文化的主流。

（三）“练评讲”教学法让家长参与学校教育更加有效

家长参与学校教育的需求，很多时候来自家长对孩子的关心和重视，“练评讲”教学模式让学生先练、助教先评、教师后讲、小组竞赛的做法，为家长近距离了解孩子的课堂表现提供了时间和空间保障，家长无须通过科任教师和班主任的转述就可以非常直观地看到自己孩子的学习行为表现。而班级分组助教管理模式也为小组内的家长交流和交往提供了平台，班级小组内的学生交流和交往很容易带动家长之间的交流和交往，而家长之间的交流和交往则可以为孩子建立良好的人际关系提供更多的锻炼机会。

（四）“练评讲”教学法让班级从复杂的管理走向简单

班级分组助教管理模式建立起来之后，我们为班级管理确立了“四优”标准。

一是“分组优”。要求合理分组，尊重学生的意愿和选择。

二是“评价优”。强化建立符合班级实际的正向评价机制，切实开展小组帮扶和小组竞赛活动。

三是“干部优”。明确组干、班干、级干、校干的岗位职责，严格遵循勤学勤管、实学实管、细学细管、恒学恒管的行为准则，在管理岗位上“铸就领袖气质，磨砺学者风度”。

四是“管理优”。要求做到人人有事管、事事有人管、管人管到位、理事理顺畅。

学生对照标准，以小组为单位进行自主管理和评价。自主管理和评价的范围从最初的课堂学习、课堂卫生、课堂纪律等不断延伸到课外，内容也不断地丰富起来。每天都有小组轮流值日，就连班会课也交给小组轮流主持。班主任不用再为在班会课上讲什么内容而烦恼。这种管理制度让班主任从前台退居幕后，班级管理从复杂走向简单。有人担心这种制度似乎只见小组，不见个人，有悖因材施教的原则。我们认为学生管理学生、学生监督学生、学生教育学生的教育方式值得研究。学生自主管理、自我监督、自我教育符合初中学生人格成长的需要。初中阶段不仅是学生生理走向成熟的转折点，也是学生人格成长走向独立的关键时期，他们渴望被信任、渴望自主，这个时候把管理的主动权交给他们，本身就是因材施教。其实当某个人的行为结果直接影响到小组形象时，这个人的行为必然受到小组成员的约束。赞成什么、反对什么，是与非、美与丑的观念自然会在小组成员中得到强化。相互帮助、相互鼓励、共同进步，为集体争光必然成为一种共同的需求。事实上，我们走学生自我教育之路，带来了班风、校风的长足进步。依靠学生，一些大型活动，如校运会、科技节、文化节等管理也变得简单起来；依靠学生，一些比较难教育的后进生也变得规矩起来。管理走向简单，带来了不简单的效果。学生的潜力真大，学生真的了不起，学生真的值得我们信赖。

（五）“练评讲”教学法让学校加快了发展的进程

一所学校的成长要经历“合格学校—规范化学校—特色学校”三个阶段的话，笔者所经历的四所学校基本上都处在规范化向特色迈进的过渡时期。其间，“‘练评讲’教学法行动研究”加速了学校走向特色学校的进程。石肯中学实现华丽转身，桂江一中成为全国名优学校，映月中学已经成为全国课改名校，桂江二中教学质量跃上新台阶，成为区域教改的领头雁。

七、影响与推广

“练评讲”教学法研究经过长达19年努力，取得突出成效，深受教师和家长的欢迎。全国各地的教师团慕名而来，各种主流媒体纷纷报道，其中《中国教师报》进行跟进报道：《龙海平：让学生走在教师前面》（2012年），《龙海平和他的“练评讲”教育》（2013年），《从课堂教学到自主教育》（2015年）。

2010年，“‘练评讲’教学法及班级分组助教管理模式创新”项目获得广东省中小学教育创新成果三等奖；2013年3月，“‘练评讲’教育实践研究”获得第八届广东省普教成果二等奖，并在2013年的广东省教育科研会议上展示和交流，成为南海区教育科研成果首批推广项目。

目前，珠三角的多所学校与“练评讲”教学法研究团队建立长期协作研究机制，如江门市大鳌中学、湛江市下洋中学、珠海市南水中学、珠海市艺术高中、佛山市第三中学（初中部）等。

八、困惑、反思及对策

“练评讲”教学法的探索与实践，促进了教师、学生、学校的跨越式发展，引发了国内外教育工作者的关注。事实上，“练评讲”教学法的推行改变了学生的学习方式和教师的教学方式，形成了教学管理和德育管理的新流程，形成了“自主实践—同伴互助—名师指引—合作争先”的学校育人文化，但是由于笔者自身能力的局限，加上一些客观条件的制约，一些结论可能下得难免武断。不同类型的，不同阶段的学校如何推行，仍然需要用实践来回答。期待在未来的实践中“练评讲”教学法研究取得更好的成绩。

“中难度题型搭台训练教学研究”结题报告

一、课题的提出

我国的基础教育改革，特别是基础教育的课程改革，对学校和教师的发展提出了新的要求。中小学教师成为课程教材改革的实践者、研究者，在教育发展中扮演着重要的角色，“教师参加教育科研是新时期教育特点的一种表现”（林崇德，《教育与发展》第355页），也是新时期教师成长的必然需求。

中考不仅是选拔人才的一种重要的测评手段，而且具有明确的教学导向功能。研究中考命题导向、研究中考各类题型，有利于更好地把握课程改革的精神实质，推动教育改革发展。

中考的难、中、易试题的比例是一个相对固定的值，大多数学生普遍对中难度题存在畏惧心理。开展课题研究，帮助学生解决中难度题，为他们的成长搭建平台、舞台、台阶，使他们感受到成功的乐趣，达成能力以及情感态度价值观的高层次教学目标，是每位教师义不容辞的责任。

基于上述原因，笔者主持该项课题研究，帮助学生搭建提升学习能力的脚手架。

二、理论依据

（一）概念界定

“中难度题型”指中考以考查学生理解、运用层次能力目标为主的试题形式。“搭台训练”指教学中为学生提供训练的内容和方法指导，以及时间保障。

（二）理论依据

1. 建构主义学习理论

建构主义学习理论认为，儿童学习能力的获得是在一定的外部环境影响下自主建构的过程。也就是说学生学习能力的获得是有条件的，需要教师提供必要的外部环境，包括提供训练素材、训练的方法指导、交流场景和平台等。

2.“能力—技能”说

技能是能力的重要表现方式。见多识广、熟能生巧是培养技能、提高能力的一个普遍的法则。

三、研究目的和方法

在本研究中，学校力图探索一套能在短时间内有效提高学生理解运用能力水平的教学策略，打造充满活力的校本教研文化，提高教学质量，促进教师和学校发展。本研究运用行动研究的方法，通过开展行动研究，促使教师成为“反思性实践者”（萧恩，《反思性实践者》1983年版），提高教师的“日常生活”品位。

四、研究过程

（一）课题的启动

首先，成立了课题研究小组，确定人员，明确研究纪律和评奖原则。成果评奖原则如下。

一是实效性原则：以备课组中考学科优秀率为依据，衡量研究实际效果，占分值比例40%。

二是试题的科学性和研究报告的价值相结合的原则：根据试题质量的有效运用程度、研究报告的推广价值等进行量化评分，占分值比例30%。

三是过程性原则：根据工作态度和承担的责任，评选出优秀研究人员奖，占分值比例30%。

四是综合评价：根据以上三个方面进行综合评价，设立一、二、三等奖，颁发奖金和证书。

其次，大力开展教师培训。包括组织中考试题研究报告会、聘请教研员到学校进行指导、全校性的中考复习课教学研讨活动、编制子课题结题指引等多种形式。

（二）课题的实施

第一，以“五个研究”的落实为主要内容，以能力训练为核心编好中难度试题。①研究中考试题，强化题型训练。以中考的中难度题型考查的理解、运用层次的能力目标要求为依据，教师针对中难度题型，精心选编训练的内容供学生在课堂内进行训练，引导学生寻找解答中难度题型的规律，克服畏难心理，找到成功的乐趣。②研究课程标准和考试说明。以中考知识点中的理解、运用层次的能力目标为依据，教师针对知识点，即考点，精心设计中难度试题供学生在课堂内进行训练，引导学生掌握每个考点的要求，做到成竹在胸。③研究学生。了解学生的不足和需要，鼓励学生迎难而上，在训练中不断强化学生超越自我的意识。④研究教师自己。研究自己对所编试题是否有足够的准备和自信，研究自己与同伴是否进行了有效的分工与协作。⑤研究教学方法与效果的关系。学校要求限时训练，当堂点评，自己操作的效果如何？在不留课外作业的条件下，怎样处理讲、练、评的关系才能达到最佳效果？

第二，以“练—评—讲”为基本教学模式，用好中难度试题。坚持以能力训练为课堂教学主线，教师实施启发式教学，充分利用“评”和“讲”的技术为学生“搭台”，帮助学生建构自己的知识体系，克服长期以来课堂教学中教师讲得多，学生练得少的现象，开辟课堂教学的新途径。

第三，以“计划—实践—反思—再计划—再实践”为主要研究方式，注重研究过程和研究结果的有机结合。

五、研究成果

第一，编制了六个学科的《中难度题型搭台训练试题汇编（附答案）》和《中难度考点对应训练试题汇编（附答案）》电子文档和研究报告集，共计40万字，为下一步开展相关课题的研究奠定了基础。

第二，课题研究促进了教师的发展，为教师工作注入了生命活力。从各种渠道反馈的信息看，教师们普遍意识到参加课题研究后自己有了明显的进步，专业成长速度在加快，生命价值在不断提升。

第三，中考成绩取得新的突破。语文、数学、英语、物理成绩居桂城公办类第二，政治第三，化学第四，综合指标名列桂城公办类学校第二。荣获2006

年度南海区桂城街道办事处“教育先进集体”奖，梁海杰同学获得南海区公办类学校中考第一名。《珠江时报》对我校的教学业绩进行了报道。

六、研究结论

第一，“中难度题型搭台训练教学研究”的开展，能在短时间内有效提高学生理解、运用能力水平，是毕业班有效的教学策略，值得我们今后进一步去总结和探索。

第二，“五个研究”是保证课题实际效果的基本条件，也是毕业班教师需要培养的一种思维习惯。

第三，“练—评—讲”是我们实施“搭台”“训练”的基本教学框架，练什么、怎么练、为什么这样练？评什么、怎么评、为什么这样评？讲什么、怎么讲、为什么这样讲？思考清楚这些问题，正确处理好练、评、讲的关系，是有效“搭台”和有效“训练”的前提。

第四，参与校本教育科学研究，对促进教师的发展意义是深远的。因为从课题的研究中教师学会了科学的思维方法，知道“研究”可以解决问题，可以挑战极限，可以创造奇迹。

第五，“计划—实践—反思—再计划—再实践”的行动研究方式更符合我校的实际需要，可以成为校本研究的一个主要方式。我校规模小、教师少，常规教研活动的氛围先天不足，但如果我们转变思考方式，开展科研活动，每个人都学会用行动研究的方法去解决自己学科教育教学中的困惑，脚踏实地地去探索和总结，那么我们就可以摆脱“小”和“少”的困扰，走出特色之路。因为科研与教研相比，更具有个体深度思维的特征，更能有效地开发教师的潜能。

七、对本研究的反思

本研究的开展是在特定的环境下实施的，做到了实践与研究的有机结合。但是由于研究的时间过于仓促，从2006年4月27日开始立项到中考只有一个月的时间，参与的教师是在工作最紧张、最繁忙的情况下完成研究任务的，因此在一定程度上讲，很难在研究成果与教学成绩上得出一个令人信服的结论。

但笔者常常在想，如果不开展这样的研究，我们可能出不了4个南海区前

300名的尖子。表面上我们并没有在尖子生培养方面下功夫，但是我们强化中难度题训练，为尖子生成长提供了良好的条件，从这个角度看，我们无形中为尖子生的成长探索了道路。

有教师认为“中难度题型搭台训练教学研究”只能用在中考的最后复习阶段，不能提前开展，更不能推广于常规教学，这样会导致基础不牢。也有教师认为，在常规教学中也可以推广，但重点要变为以研究中度题为主。之所以存在这些不同的观点，是因为我们的研究尚有许多不足之处，要解答上述问题，我们必须继续进行行动研究。

第二篇

策略研究

怎样借助媒体平台对课题研究进行宣传?

教育科学研究有两个重要的任务：一是要提炼出一定的成果，完成预定的研究任务；二是要将成果进行推广，为社会提供服务。无论是课题研究的过程还是成果推广的过程，借助传媒平台进行宣传都是一个重要的手段。那么，怎样借助传媒平台对课题研究进行宣传呢?

首先，要学会借助自媒体平台对课题研究进行宣传。

自媒体平台主要指自己或课题组能自作主张的一些宣传平台，不仅包括学校以及课题组的公众号、博客、短视频等新媒体宣传平台，还包括学校举办的家长会、研讨会、新闻发布会、论坛活动等传统交流平台。

自媒体平台是我们最常用、最便利的宣传平台。我们可以经常利用它们对课题研究进行宣传报道。笔者在“练评讲”教育研究的过程中，经常运用专题博客、微信公众号、微信群，还有家长会、专题研讨活动、校报等自媒体平台进行宣传，达到了比较好的效果。

自媒体平台信息发布随意性大，宣传风险也相对较大，所以在运用自媒体平台宣传时要有风险防范意识。笔者的经验是，用换位思考的方法，站在读者的角度对每篇文章、每条信息进行风险评估。比如，表达方式会不会产生歧义，让人误解？成果或成绩的归因是否正确？相同的素材或活动是否能收到不同的宣传效果？不同的素材或活动是否能体现研究团队一以贯之的价值追求？只有周全考虑，才能收到理想的宣传效果。

其次，要学会借助主流媒体平台对课题研究进行宣传。

主流媒体平台包括知名网站、学术期刊、电台、电视台、报纸、杂志、出版社、教育行政部门举办的学术会议等宣传平台。尽管自媒体时代已经来临，但是主流媒体（包括传统的主流媒体）在宣传领域依然扮演着至关重要的角色。由于主流媒体平台拥有比较成熟的专业队伍和严格的监管、审查机制，所提供信息、消息的客观性、科学性、权威性是任何自媒体都无法代替的，所以它们是课题研究宣传的最佳平台。笔者在“练评讲”教育研究的过程中，运用得最多的主流媒体平台依次是学术期刊、教育行政部门举办的学术会议、报纸、电视台等。

要想得到主流媒体的帮助，需要具备三个基本条件：一是自己的课题研究过程、结果等具有宣传报道的社会价值；二是自己的宣传意图和方式符合主流媒体的需要和要求；三是能提供详细的研究资料和符合媒体口味的文稿。

最后，要学会合理安排自媒体平台和主流媒体平台宣传的密度和角度。

教育科研课题从开题到结题的过程一般都需要三年到五年的时间，对这样的课题研究进行宣传，需要有一个大致的规划，尤其是在宣传角度和密度两个方面要合理调配。笔者的经验是，过程性的宣传内容尽量放在自媒体平台上进行宣传，密度可以大一些，保持相对密集的宣传频率；角度（切入点）也可以更广一些，避免内容重复。阶段性和总结性的内容尽量借助主流媒体平台进行宣传，密度应该小一些，保障宣传的质量；角度（切入点）也尽量小一些，尽量运用典型个案进行宣传，保障宣传的效果，因为大多数的主流媒体都有版面限制和内容的可读性要求。

“尚美”课程构建的实践探索

在中国式现代化的大背景下，学校如何创建一种通俗易懂、简便易行的校本化的课程结构，落实立德树人根本任务，彰显办学特色和主张，是值得探讨的现实问题。桂江二中以“让每个孩子美好成长”为追求，把“培养德才兼备时代新人”作为育人目标，打造“尚美”教育特色，从规定之美、选定之美、惠定之美、特定之美、协定之美五个维度构建“尚美”课程体系。

一、规定之美课程：国家课程校本化实施，助力学生全面发展

规定之美课程是指对国家规定某一学段必须开齐、开足的课程进行校本化实施的课程，是学校“尚美”课程体系的核心部件，事关立德树人和学生的全面发展。在对国家规定课程校本化实施的过程中，学校以终为始，坚持为党育人、为国育才的课程导向，采取“研—教—学—评”一体化的实施策略，让课程育人功能得到充分发挥。

（一）研，研究

开展研究以课程标准为中心的学科教研、科研活动，落实学科核心素养。我们从构建“学科问题链”、组建“学科任务群”、规范“学科单元教学设计”等方面入手，开展校本研修活动，让课程研究成为教师的一种自觉行动。

（二）教，教学

探索学科教学的最优化结构，让学科教学方法贴近学科教学实际。通过几年的努力，我们提炼出了“问题情境美—教学方法美—师生共情美—总结反思美”的“尚美”教学结构模型，从思维的高度、效度、亮度、深度等四个方面进行学科课程教学任务，强化学科育人功能。

（三）学，学生学习

开展以促进学生自主学习为中心的学科学习活动，优化作业布置策略。坚持“无思维不作业”“无情境不作业”“无综合不作业”“无批改不作业”的“四不”原则，严控作业总量，减轻作业负担，提高作业质量。

（四）评，课程评价

开展差异化发展性评价研究，研制各学科能力素养测评内容和方式，确保课程实施达到良好效果。

音乐：以“视唱素养”为核心，通过纸笔测试考查学生的乐理知识和欣赏能力；通过个人独唱和群体合唱考查学生的视唱素养。

体育：以“基本身体活动能力”为核心，开展“基本项（跑）+选项（跳绳、游泳、篮球、足球、投掷等）”的实践性测评活动。

美术：以造型、色彩、创意等能力为核心，开展“纸笔测试+绘画（创作）”的表现性评价。

信息技术：以“计算思维”“算法思维”“设计思维”为核心，开展“任务型设计”的表现性测评活动。

劳动：以态度、技能为核心，开展基于成长记录的问卷和现场操作任务的实践性测评活动。

综合实践：以“跨学科综合素养”为核心，开展基于“真实问题”“真实情境”的纸笔测试和“无领导论坛”的表现性评价。

语文：以“现代文阅读能力”“文言文阅读能力”“经典名著阅读能力”“作文个体发展能力”为核心，开展过程性的纸笔测评活动。

数学：以“问题发现能力”“问题分析能力”“问题解决能力”为核心，聚焦“计算能力”“逻辑推理能力”“建模能力”等开展过程性的纸笔测评活动。

英语：以“语言实践能力”为核心，开展人机“听说”对话、“听说读写”综合纸笔测评。

道德与法治：以道德认知、政治认同、法治意识、社会参与等能力为核心，开展综合性的纸笔测评活动。

历史：以“正确认识历史和正确认识现实能力”为核心，开展综合能力的纸笔测评活动。

地理：以“国家情怀、国际视野和实践能力”为核心，开展聚焦信息提取、处理和应用能力综合纸笔测评活动。

物理：以“科学探究能力”为核心，开展“实验操作能力”现场测评和综合能力纸笔测评活动。

化学：以“科学探究能力”为核心，开展“实验操作能力”现场测评和综合能力纸笔测评活动。

生物：以“科学探究能力”为核心，开展“实验操作能力”现场测评活动，从知识与观念、探究与创新、科学思维和社会责任四个维度进行综合能力纸笔测评。

二、选定之美课程：尊重学生个体差异，张扬学生个性特长

选定之美课程，是指学校根据现有资源和传统项目优势，开设学科拓展性课程，供具有天赋和特长的学生自主选修。近年来学校利用课后服务时间为具有特长的学生开设男足、女足、田径、舞蹈、武术、合唱、脸谱制作等课程。其中男足、女足、田径、脸谱制作成绩斐然，是学生心目中最具吸引力的热门课程。

对选定之美课程的开设和实施，学校早已经走出了“比赛拿奖”“功利至上”的认识误区，转向通过满足学生的选课需求，推动学生“自主发展”“个性发展”“全面发展”。比赛拿奖只是学生个性张扬的一种表现方式，不是唯一方式。

学校为选定之美课程的实施搭建了良好的展示平台。每年的体艺节、科技节、“五四”青年节、田径运动会、文艺晚会等都是学生课程学习成果展示的大舞台。

三、惠定之美课程：解决学生成长中的困惑，惠及学生身心发展

惠定之美课程是指学校着眼学生的未来，顺应学生身心发展的实际需要而开设的普惠性课程，助力学生美好成长。通过几年努力，形成了惠定之美系列课程。

初一上学期，开设“奋斗者最美：开启初中新生活”课程。针对小学升入初中的过渡期，做好小学到初中的衔接。帮助学生熟知“校园一日常规”“学

生违纪处罚条例”“住校与晚自修规定”“社团活动要求”等，帮助学生尽快适应初中校园生活。

初一下学期，开设“奋斗者最美：学会交友”课程，针对学生青春萌动期的交往需要，帮助学生认识青春期，学会交友，不越男女同学交往的规矩。

初二上学期，开设“奋斗者最美：学会感恩”课程。针对学生自我意识不断增强，出现的“叛逆”问题，引导学生参加感恩父母、感恩师长、感恩社会的系列活动，唤醒孩子们的同理心，正确对待来自家长、教师的教育，顺利度过“叛逆”期。

初二下学期，开设“奋斗者最美：让世界因我更美好”课程。针对初二学生课程学习难度增大、成绩两极分化明显、青春期各种烦恼、容易出现极端思维的问题，引导学生思考生命的意义和价值，学会面对困难，珍惜生命，把自己和家庭、社会联系起来，树立正确的人生观、价值观，走好人生路。

初三上学期，开设“奋斗者最美：美好人生需要精神力量”课程，引导学生确立人生理想，以各行各业的奋斗者为榜样，强化责任和担当，不负时代的重托，为中华民族伟大复兴贡献力量。

初三下学期，开设“奋斗者最美：美好人生需要规划”课程。针对学生升学选择，引导学生立足自身实际，着眼未来，选择适合自己发展的升学道路，为未来的职业选择做好铺垫。

惠定之美课程面向全体学生，以“奋斗者为美”作为价值导向，弘扬艰苦奋斗的学校精神，引导学生用奋斗谱写未来，这是学校为学生量身定制的一种课程文化，也是学校彰显特色办学的一种课程表达。

四、特定之美课程：培养学生的科创意识和实践能力

特定之美课程是指学校基于持续发展的实际需要，在特定的教育改革背景下实施的课程。通常以教改实验项目为依托，探索高质量发展新思路。例如，学校依托广东省动漫教育实验项目开发的“动漫之美”课程，培养学生的创意思维；依托北京师范大学的创客教育推广项目开设“创客之美”课程，培养学生的实践能力和创新精神；依托广东省教改试验区的深度课堂项目开设“深度学习之美”课程，提高学生的信息素养和高阶思维能力，探索拔尖创新人才培养路径。

特定之美课程紧跟教改的步伐，具有科学性、前瞻性和时代感，它紧紧依靠上级教研部门和高校专家团队的力量，代表教育改革发展的方向，是一种创新性的课程育人实践探索。

五、协定之美课程：助力学生的自主发展

协定之美课程是指学校基于学生发展的特殊需要，借助第三方教育机构力量，通过协商合作的方式来开设和实施的课程。课程内容和服务方式一般由学校、家长、第三方机构在政策框架内协商确定。

学校针对某些特殊学生存在的心理问题，让第三方机构进校园，为学生开设“心理咨询服务”课程，定期到学校对学生进行心理咨询，既减轻家长负担，又满足部分学生成长的特殊需求。

针对毕业班学生中考前普遍存在焦虑情绪过重的问题，学校借助第三方机构的力量开设“考前团体心理辅导”课程，对学生进行心理疏导，同时教会学生掌握一些舒缓紧张焦虑情绪的方法，助力学生科学备考。

针对学生中粤曲爱好者的学习需求，学校与当地文化馆、粤曲协会协商后达成协议，开设“粤曲演唱”课程，累计为100多位“粤曲新秀”提供菜单式的经典曲目演唱指导，为传统文化的传承和学生自主发展提供动力。

总之，“尚美”课程体系，规定之美课程是主干，选定之美、指定之美、特定之美、协定之美课程是枝叶。主干与枝叶组成一种树状的课程结构，是“尚美教育”立德树人的课程实践探索。

尚美教学模式的特征及操作要求

桂江二中以“让每个孩子美好成长”为理念，把“以奋斗者为美”作为尚美教育的价值追求，引导教师以奋斗者的姿态投身教学改革，实践“尚美教学模式”，打造尚美教育品牌，促进学生美好成长。

一、什么是尚美教学模式

尚美，即崇尚美好之义。尚美教学模式就是以“让每个孩子美好成长”为理念，以“培养德才兼备的时代新人”为目标，以“问题情境美—教学方法美—师生共情美—总结反思美”为关键要素组合而成的一种课堂教学结构模型。它的基本功能就是用课堂的美好结构、教师的美好之教、学生的美好之学去成就每个孩子的美好成长。

尚美教学模式结构模型如下图所示。

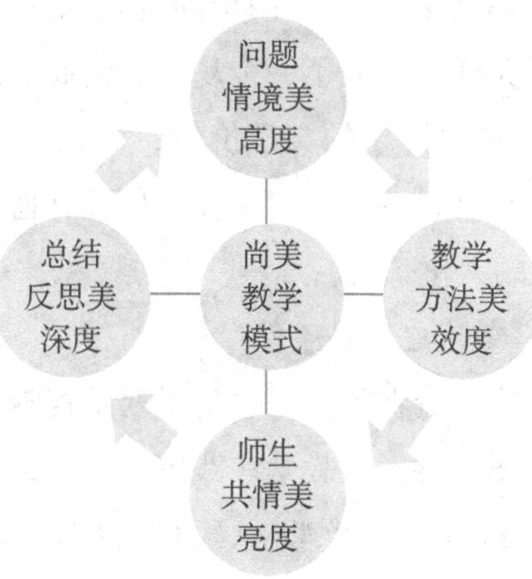

二、尚美教学模式的特征及操作要求

（一）问题情境美：高度之美是前提

尚美教学模式以问题为导向、以问题结构化为支架、以问题情境化为载体，营造出学生喜爱的优美学习环境。在教学设计时，教师站在发展学生学科核心素养的高度，着力构建教学的高度美，综合考虑教学目标、教学问题和教学情境之间的内在联系，助力学生关键能力、必备品格和正确价值观的培养。具体分为三个步骤。

第一，要将针对教材内容的问题设计回归到课程标准需解决的问题上来，使问题与教学目标关联起来。

第二，要对问题进行结构化处理，让纵向的问题之间层次更分明，横向的问题之间差异化指标更明晰。

第三，要将结构化的问题放到适当情境中去呈现，提高学生解决“真”问题的意识和刺激学生探究问题真相的欲望。

例如，在教学《木兰诗》时，教师设计两个问题：一是木兰为什么要男扮女装；二是为什么《木兰诗》能流传1400多年。在木兰和《木兰诗》之间搭建“人（木兰）与文（木兰诗）”的能力结构支架。前者考查的是学生的低阶思维能力，学生通过熟读课文结合注释可以理解；后者考查的是学生高阶思维能力，学生必须查询资料并进行猜想、质疑、推断、论证等一系列复杂思维活动，才有可能获得相对完整的答案。两个问题之间所形成的能力结构支架与1400多年的社会发展相关联，形成了一个复杂多变而又真实存在的问题情境。学生要认知的不仅是《木兰诗》的文学价值，而且要通过《木兰诗》与“木兰”人物形象塑造的完美结合，找到流淌在中华儿女血脉里几千年都不会改变的家国情怀、勇敢智慧的文化基因。

（二）教学方法美：效度之美是条件

教学有法、教无定法、贵在得法，也就说要重视教学方法的选择和运用。这是提高教学实效的重要条件。在教学实践中，我们采用“学生练—助教评—教师讲—小组赛”的“练评讲”教学法，再造教学流程，让学生走在老师的前面，先练、先评。当学生出现错误和疑惑之后，老师再进行有针对性的讲解。课堂中以学习小组为单位，对小组成员的表现进行赋分评比，叫作“小组赛”。这样“小组赛”就作为一种小组合作学习评价机制贯穿教学活动的始终，有效地解决了小组合作学习中一管就死、一放就乱的问题，让整堂课都保持足够的动力。传统教学中备受大家诟病的“满堂讲”“满堂灌”“一言堂”的现象也不见了踪影。

在教学方法的选择和使用上，可从如下三个维度去思考。

第一，从学生学习维度看，学生课堂上自主学习的时间要有保障。因为学生学习是在教师指导下自主地进行意义建构的历程，只有自主性的行动，学习才具有积极的意义和价值。

第二，从教师教学的维度看，教师的“教”的终极目的是“少教”或“不教”。“不教”之“教”才是真“教”，因此教师必须学会以终为始，做到三不教：学生通过看书就能学会的知识，坚决不教；学生靠现有的基础，通过互帮互助可以学会的知识，一般不教；学生经过学习和思考，没有出错的知识，尽量不教。

第三，从教学管理的维度看。评价是教学管理的杠杆，差异化评价是教学管理的支点。一切优秀的教学方法都必须自带评价和激励机制，特别是差异化、发展性的评价机制。毕竟帮助每个孩子找到“最近发展区”，用差异化评价手段推动每个孩子实现美好成长是新时代教育评价改革的基本要求。

（三）师生共情美：亮度之美是要求

共情是人际交往中能站在他人的角度，设身处地、感同身受地理解他人的能力。师生共情美是指师生之间、生生之间在教学互动过程中基于某个问题、某种情境，相互尊重、相互启发，无障碍沟通，达到心灵共振、情感共鸣的一种精神状态。师生能否共情，是教师传道、授业、解惑的思想基础，是立德树人、情感育人的重要条件。事实上师生共情美已经成为课堂进行情感、态度、价值观教育的一个显性指标。

教师怎样做到和学生共情美?

第一，教师要确立育人先育心的教育观。实践中要用心挖掘教学内容中自带的育心素材，找准教书与育人的结合点，把握共情点。例如，《木兰诗》教学中对木兰人物形象的分析，教师可以通过朗读、诵读、讨论、辩论等多种形式，让学生体验木兰从军前、从军中、从军后的内心的想法和行动，让学生尝试与巾帼英雄共情。

第二，教师要学会站在学生认知差异的角度去理解、包容学生的幼稚、偏见甚至错误。学生学习《湖心亭看雪》时总是无法理解张岱的“痴”。原因在文中天人合一的山水之乐、遗世独立的思想情怀已经超出十三四岁孩子的生活常识。这个时候，教师没有必要强求学生一定理解作者超凡脱俗的思想境界，但教师可以创设情境，与学生一起去欣赏作品中的雪景，一起去感受知音相遇的喜悦之情。还可以引导学生把作品之美和内心的真实感受积累下来，静待花开。可以肯定，当学生的阅历增长到一定程度的那一天，当相似情境出现的时候，他们会豁然开悟，理解张岱的“痴”。

第三，教师要掌握共情的基本技巧和方法，正向引导学生树立正确的世界观、人生观、价值观，为学生的美好人生铺垫亮丽的底色。例如，教授茨威格的《伟大的悲剧》，部分学生认为科考队员因征服极地而牺牲没有价值，在学生的认知层次里，他们暂时还无法理解在人类历史长河中敢于探索的意义。这时候教师没有必要求全责备，而是应该转换问题的角度，把生命的意义与敢于首次尝试的价值关联起来。生命是可贵的，不可随意牺牲，这是学生的共识。但人类的很多伟大创造都根源于首次的尝试，这也是不争的事实。但是首次尝试难免会有失败、会有牺牲。因此，敢于探索、不畏艰难、直面牺牲的精神是推动人类不断进步的伟大力量。

（四）总结反思美：深度之美是保障

人类的学习大概分为七个层次。第一层是记忆，记住某种知识；第二层是理解，理解知识的功能和用途；第三层是应用，能把知识应用到实际生活中去；第四层是分析，能区分和辨析知识；第五层是评价，能对知识的原理、标准等做出评价和判断，有自己的见解；第六层是创造，能综合应用知识，提供某种解决问题的方案，或者解决实践过程中的新问题；第七层次是反思，通俗地讲就是回过头去想一想，对自己前面具体的学习活动进行再认识。儿童心理学家弗拉威尔把它叫作“元认知”，也就是说反思是一种促进认知走向深度的内在调节机制，是一种支撑具体学习行动美好发展的内在力量。

总结反思美，就是要引导学生从完善知识结构入手，对自己的学习行动进行再认识、再思考，激发出内心深处的驱动力量，让学习成为一种自觉向上的美好行动。

课堂教学中，怎样去实现、总结反思美？首先，教师要发挥学习“先进”

者的示范引领作用，让他们现身说法，总结、反思自己在本节课中的学习心得和体会，让同学们产生共鸣。其次，教师要结合学科特点帮助学生建立“总结”和“反思”的表达范式。例如，王老师在《道德与法治》课教学中，帮助学生提炼出“事实+观点”的总结范式和“我的认识变化+原因”的反思范式，这样学生的努力方向就更加明确了。最后，教师自身也要主动征求来自学生、同行等方面的课堂反馈意见，正视自己的问题，积极改进，让课堂朝着更加美好的方向发展。

“练评讲”教育模式的建构性推行策略

“练评讲”教育模式的优势在于将教书育人、管理育人、文化育人、家校共育融为一个整体，创造出一种适合学生发展的教育。其推广运用必然会为教育变革打开一扇窗——一扇由教师“会教”向学生“会学”，再向教师指导学生“会练”转变的学校育人方式变革之窗，让更多的学校看到教学方式变革、德育方式变革、学校整体育人方式变革的联动效应。

一、“练评讲”教育模型的构成

“练评讲”教育模型由文化场景、德育场景、教学场景和学生自主学习场景四个部分构成，其中文化场景是基础，德育场景是关键，教学场景是核心，学生自主学习场景是重点。

二、用建构性的方法推行“练评讲”教育模式

“练评讲”教育模式的建构是一个从课堂教学改革到教育变革的历程。通过对传统的“教师讲—学生练—教师评”教学流程进行改造，建立起“学生练—助教评—教师讲—小组赛”的“练评讲”教学流程，然后拓展延伸到教学管理、德育管理、学生自主管理、学校整体育人方式变革，最终形成一种集教师的主导性、学生的自主性、家长的积极性、校长的引领性、学校的统整性为一体的联动机制和操作系统。

2012年9月，“练评讲”教育模式创建人龙海平到映月中学任校长，决定运用“练评讲”教育模式改造薄弱学校，但如何推行成为一个重要的问题。经过充分讨论，集思广益，决定放弃常规的整体“移栽”式的推广路径，按照从课堂教学改革到教育变革的建模路径推行，发挥使用者的主观能动作用，鼓励

教师因地制宜，创造性地使用“练评讲”教育模式，我们把这种推广方法叫作“建构性的推广方法”。

用建构性的方法推广“练评讲”教育模式，对创建者来说就是重走一次“长征路”，锤炼出“练评讲”教育模式在不同环境条件下的生长能力，对使用者来说就是立足学科和班级实际，遵循模式建构的规律培植“练评讲”教育模式。

为什么要选择建构性的推广方法？这是因为任何教育模式都是在一定的教育思想理念的指导下，通过实践检验最终成形的，“练评讲”教育模式也不例外。不同学校、不同学科的环境条件是不一样的，薄弱学校在师资结构、生源基础、办学设施条件等短时期内没有办法改变的情况下，激发教师的主观能动作用，鼓励教师在一定的思想理念指导下自主建构“练评讲”教育模式是最佳的选择。

经过多年的努力，我们用事实证明当初的选择是正确的。学校连续多年参加南海区教学质量绿色监测，学生在思想品德、学业水平、身心发展、兴趣特长、课业负担等项目的综合得分稳居南海区前列，学校的办学质量显著提高。特别是学校将“练评讲”教学模式与信息化相融合，形成了“练评讲+电子书包”教学新机制，得到了教育部的充分肯定。2015年12月，映月中学受邀在全国基础教育信息化应用现场会上作《信息化让薄弱学校弯道超车》专题汇报，引发较大反响；2018年映月中学被评为南海区高效课堂示范学校；2019年学校作《“练评讲”教育模式的应用研究》成果荣获佛山市教学成果评选一等奖；2020年4月“南方+”平台开设映月中学“练评讲”教学主页网课；2020年6月24日我们接受中央电视台连线专访，介绍“练评讲”网课的做法与实效。

用建构性的方法推行“练评讲”，需要做好以下四个方面的工作。

（一）建立“练评讲”教学场景

（1）将课文内容还原成要解决的问题。

（2）对问题进行结构化处理。

（3）对结构化的问题进行情境化处理。

（4）把情境化的问题放到“学生练—助教评—教师讲—小组赛”教学流程中去解决，形成“练评讲”教学场景。

例如，初一数学《利用三角形全等测距离》一课，我们可以还原成两个情境化的问题：一是如何测量我军阵地与敌军碉堡之间的距离？二是如何测量池塘两端的距离？两个问题要解决的都是三角形全等原理在日常生活中的运用问题，具体讲就是要将日常生活中不可测量的实际问题转变成可以测量的数学问题。但两个问题对学生的能力要求不一样，前者只是三角形全等原理的一般运用，学生比较容易理解，属于低阶思维能力层次的问题；后者需要拓宽思维，作延长线或者垂直辅助线才能解决，属于高阶思维能力层次的问题。两者之间形成了从低阶到高阶的能力结构，也从一般情境变成了复杂情境。“练评讲”教学机制就是要将这些结构化和情境化的问题，放到“学生练—助教评—教师讲—小组赛”教学流程中去解决。

（二）建立班级、年级分组助教管理场景

1. 班级分组助教管理机制

主要是对学生进行管理。将每个班级按照组间同质、组内异质的原则分成5～7个小组，我们习惯将其叫作“助教小组”。每个小组选出助教组长，组内设置学科代表，也叫“学科助教”。每个助教小组配备一位指导老师，我们称之为“导师”。每个助教小组在导师的指导下，轮流值日管理班级事务。

2. 年级分组助教管理机制

就是将每个年级教师分成5～7个小组，规模较大的学校可以按照学科备课组为单位进行分组。每个小组里配备小组长和助教（助手），年级内部以小组为单位开展各项评比活动，如师德评比活动、师能评比活动、师艺评比活动等。

（三）建立“练评讲”文化育人场景

学校文化说到底就是人们在学校的一种生活状态。学生社团活动、家校合作活动是学校文化的重要载体。“练评讲”文化育人场景建设就是以学生社团、家校活动为主要阵地，以项目活动为抓手，以“自主实践—同伴互助—教师指引—合作争先”流程为主线，加强“练评讲”教育特色文化建设。

1. 加强学生社团文化建设

首先帮助学生社团参照班级管理的做法进行分组，选出助教组长和助教（骨干成员），每个助教小组聘请一名老师和一名家长做导师，每个社团助教小组按照“自主实践（练）—同伴互助（评）—教师指引（讲）—合作争先（赛）”的流程轮流主持开展社团活动。

2. 加强家校合作文化建设

引导家长积极参与班级助教小组建设，关注孩子在班级助教小组和社团助教小组中的交流情况；接受社团邀请，直接参与校内外的家校合作共建活动。

（四）建立学生自主学习场景

学生自主学习场景不可能凭空产生，需要学校的教学、德育、文化等场景来支撑。如果学校在教学、德育、文化管理等方面缺乏让学生主动参与的机制，学生就很难养成自主学习、自主管理和自主发展的习惯，导致学校最终无法建立起学生自主学习的场景。“练评讲”教育模式让学生走在教师的前面，让教师走在校长的前面，让家长走进孩子的课堂，目的就是建立学生自主学习场景，由外而内地帮助学生养成“问题—探究—展示—反思”的自主学习习惯。

为什么是“问题—探究—展示—反思”的自主学习习惯呢？那是因为“学生练—助教评—教师讲—小组赛”就像一条主线始终贯穿学校教育教学的整个过程，学生在这样的校园环境中学习和生活，“练评讲赛”已经内化为一种思维习惯。学生的自主学习实际上就是在没有助教“评”、没有教师“讲”、没有小组“赛”，甚至没有老师预先设置“问题”的情况下的一种自我学习行动。这个时候，由于习惯的作用，他们会自己寻找一种问题解决流程来替代。由于我们平常的“学生练”，基本上都是基于教师设置的问题的“练”，在缺乏教师问题的前提下，学生只能自己寻找问题来“练”，所以学生自主学习的流程第一步是找到“问题”。平常解决问题的第二步是“助教评”，在没有助教评的情况下，学生只能选择自主探究，所以自主学习的第二步是“探究”。平常问题解决的第三步是“教师讲”，在没有教师“讲”的情况下，学生必然选择通过思维或行为的可视化对外“展示”自己对“问题”进行“探究”之后的解决办法，所以自主学习的第三步是“展示”。平常问题解决“小组赛”贯穿始终，在没有小组“赛”的情况下，学生只能不断地强化自我反思，所以“反思”将贯穿自主学习活动的始终。这样“问题—探究—展示—反思”就成为“练评讲”教育模式下学生自主学习的一种习惯。

“练评讲”教改激发师生成长内驱力

一、15年磨一剑，“练评讲”教改助力多校优质发展

“‘练评讲’教改前，少数学生体育课上怕苦怕累，没跑几圈就坐在地上不愿动。教改后，老师讲得更少、更精练，学生练得更多、更有劲，学生互帮互助，奋力争先。”广东省佛山市南海区映月中学副校长肖伟举例说，原来部分学生摆臂姿势不标准，教师难以一一纠正，如今各小组水平较高的助教成为一对一的私教，帮助小组成员矫正提升。

“让学生走在教师前面，做最好的自己；让教师走在校长的前面，做教育的先锋；让家长走进行动中的课堂，跟上教育发展的脚步。”自2005年“练评讲”教改倡导者龙海平在南海区石肯中学、桂江一中、映月中学推行教改以来，让地处农村、城区、城乡接合部的三类学校，迅速蝶变成新优质学校。15年磨一剑，“练评讲”教改星火如今在广东、海南、四川、贵州等15个省区呈燎原之势，惠及20多万名师生。

二、重点突破让薄弱学校从恶性循环中解围

带着破解困局的使命，2005年，石肯中学迎来新一届领导班子。时任校长龙海平带队调研发现，作为薄弱农村初中，学校难以走出“重输入轻输出”的惯性发展路径，处于教学成绩常年倒数、生源质量日渐下滑的恶性循环中。

学校该如何在顺国家政策的“天时”，趋南海教改高地的“地利”，谋全校上下齐心的“人和”的基础上，重塑因材施教、知行合一的教学模式，从困境中突围呢?

作为从教多年的教育工作者，龙海平深感引导学生将知识内化为动手能力

是“老大难”问题。他决定聚焦主要矛盾，深调研、大讨论、访名家，探求改革路径千百度。长期酝酿后，自小习武的龙海平灵光一闪：素质教育和中华武术一脉相通，都不是纸上谈兵，注重在实操中强化学习者的能力素养。那么多年的习武实践如何为教改提供借鉴？龙海平研究发现，部分师傅以教为中心，不明学情就做示范，滔滔不绝地讲，效果一般。而高明的师傅则以学为中心，先让徒弟练习，再根据学情量身定制教学方案，徒弟快速成长。

“练评讲”教改“四梁八柱”逐渐清晰。改革如弈，要讲技法，要尊重发展的阶段性，循序渐进，“要让学生走在教师前面，用练习激发他们的学习内力觉醒，实现知识输入到能力输出的转换，逐渐学会自我学习、发展”。

“练评讲”教改注重抓主要矛盾，解决了主要矛盾，次要矛盾就迎刃而解了。当时石肯中学的主要矛盾就是教学效果相对低效，急需胜仗提升士气。谋定而后动，学校对症下药，推动以学为中心、以练为先导的“练评讲”教改。

“练评讲”教改强调练习，但与“题海战术”完全不同。当时，石肯中学所有初三教师都深入研究学情、教材，制定、精选、串联所有重难点的高质量题目，学生在高效率训练中查缺补漏。不到一学期，学校初三学生期末考试、中考成绩跃升至全街道前列。

着此一子，满盘皆活，杂音尽消。学校声誉日隆，生源向好。桂城街道相关领导加大支持力度，助力学校跨入良性发展快车道。由此，“练评讲”教改之路越走越宽，在石肯中学萌芽吐绿、在桂江一中拔节生长，在映月中学枝繁叶茂。

三、“关键少数”引领教师共画教改同心圆

“练评讲”教改要因校制宜，而这需要熟知校情的关键少数作为旗手打好第一枪，带动全体教师共画教改同心圆。映月中学党支部副书记、数学学科带头人郭润萍敢于先行先试，非常认同“练评讲”教改，学校选她作为开路先锋。仅用一学期，郭润萍就带数学科组从全街道中等冲进前列，打赢了“练评讲”教改示范战。

一炮打响，全校振奋。学校总结试点成功经验，为“练评讲”教改旗手明确了主攻方向，成为以所在科目教改为路径的探索者、以生为主课堂的组织保障者、激励学生小组共进的评价者。

教师有没有动起来，是“练评讲”教改成败的关键。为破解改革动力层层递减的“阿喀琉斯之踵”困境，校长要身先示范，建立学科组、备课组捆绑评价的教研机制，引导教师做“练评讲”教改“合伙人”，不做机械执行者。

映月中学英语教师杨志的课堂曾是“独角戏”，如今她通过翻转课堂引导学生课前预习、练习，备足“粮草弹药”，在课上打起小组擂台赛。“练评讲”教改注重带领学校学科带头人直面痛点，乘胜追击。齐读课文等传统教法，学生厌倦，教师难辨学情。问题是什么？为什么？如何通过“练评讲”教改去解决？杨志带着英语全科组教师，用教科研“利器”破解教学难题，探索出小组内赛读、小组间赛读、小组间挑错、教师就共性问题点评的创新模式，他们摸索出初中英语不同课型的“练评讲”教改实施路径，连续三年拿到区级以上科研奖项。

以生为主的课堂组织形式易出现“一抓就死、一放就乱”的问题，怎样破解呢？“练评讲”教改探索出了“熟知学情、聚焦难点、做好导演、动态放权”的行动路径。郭润萍强调，教师要胸有一盘棋，根据学生自主管理能力的变化动态调整放权力度，要收得住、放得下。

“跑400米时，小组第一名和最后一名达标时间如相差五秒以内，整组就可以少跑，要不就得多跑。”体育课上，肖伟善用评价“指挥棒”，引导学生强化团队合作，超越自我。

“练评讲”教改充分发挥先锋教师的引领作用，打赢科组优质发展攻坚战。全科组齐心协力，使近几年学校英语中考排名从垫底变为前列。

映月中学各科组教师变单兵作战为集体攻关，音乐等科组“平地起高楼”，学校大多科组在全街道数一数二。“练评讲”教改更让三所学校很多教师破茧成蝶，朱红妹、崔伟德、吴奶珠、何咏天等一批青年教师就坐上了“直升机”，从“新兵”成为当地语文、体育、生物、历史等学科骨干教师。

四、学生在适才扬性中全面发展

《中国石拱桥》语文课成为映月中学初二（4）班学生的赛场。各小组充分运用所学，力争做第一个在课文中找全七种说明方法所对应的语句的人。下定义说明方法作为难点，学生具鑫慧第一个突破，为小组夺得第一名立了大功。

在有趣好玩的参与状态中，学生从“要我学”变为“我要学”，他们主动求知，运用所知所学破解问题、提升能力。“孩子们各有所长，学校要为他们提供适合的教育，适才扬性。”“练评讲”教改鼓励教师运用面向人人的教育理念，让每个孩子都成为最好的自己。

映月中学每个班都分成七个助教小组，每个小组都通过自愿申报、竞选，选出一名助教、若干名学科助教。学生人人都有助教岗位，这给天资聪慧的拔尖学生创造了“天高任鸟飞”的广阔天地。学生赵嘉颖作为助教上课时，胸有成竹地讲述重难点，让外校参观的教师错以为是新进教师。陆叶原来的数学成绩老在及格线徘徊，胡幸妍等小组成员为她把脉开方、精准帮扶，陆叶很快拿到特优。映月中学教师专挑小组内成绩不太好的学生提问，将其表现作为小组考核的关键指标，促使助教小组成为互帮互助、共建共享的学习共同体。

“练评讲”教改注重五育并举。“练评讲”教改助力学校在升学等方面成为区域教育“领头羊”后，就转型升级，着力推动助教模式在“课堂内外都开花”，促进学生全面发展。映月中学的社团活动基本上都是学生助教“挑大梁”。寒暑假，学生根据兴趣爱好组成各种社会实践小组。

“练评讲”教改坚持德育为先，孕育出了“分组助教管理”德育模式。映月中学学生助教成为班会导演和主演，从主题设计到具体操作的过程丰富多彩。

通过不断探索，“练评讲”教改越加完善。映月中学连续三年参加南海区教学绿色评价，学生各项测评指标均位居全区前列，更吸引了广东省内外4万多名学校管理者、专家慕名前来取经。学校毫无保留地分享经验、辨证论治。

“一起来更精彩。”跨区域教育研究联盟成立后，“练评讲”教改带动92所学校共奔优质路，助推区域教育打赢脱贫攻坚战。目前，“练评讲”教改已在福建、湖南、江西等地生根开花，帮助更多学校打赢了优质发展攻坚战。

映月中学：以“练评讲”创建特色名校

从2012年9月至今，“练评讲”教育在映月中学（原平洲三中）逐步落实，让学校实现了华丽转身，全国各地的教育同行纷纷来访，本校教师也受邀到异地交流，还成立了跨区域的“练评讲”教育研究联盟。多项事实证明，映月中学在“练评讲”教育改革中崛起，并形成了自己的特色与文化。

实施“练评讲”教育文化管理。秉承“博观约取，厚积薄发”的校训精神，映月中学以师生为本，充分发挥其主动性与积极性。其中，建立了以驻级行政、级长为主的年级领导小组，在实践中探索“年级分组”管理模式，建立对年级教师的评价体系；推行了“班级分组助教管理”模式，将全校各班分成若干小组，小组既是德育日常行为管理小组，又是学习管理小组。对班主任则采用动态分组的形式，每月通过相应评价后调整。

建立“练评讲”教育教学体系。依托“班级分组助教管理”模式，映月中学将教学评价融入班级分组评价中，使德育与教学融为一体，得以全方位地评价学生，更有效地促进学习；开展“学生练—助教评—教师讲—小组赛”的“练评讲”教学模式研究，引导教师重点研究不同学科、不同教学风格的“练评讲”课堂教学模式，如“练评讲+电子书包实验项目”“练评讲+咏春拳”“练评讲+家长参与课改”等，使这一教学模式融合创新，形成百花齐放之态势。

对“练评讲+家长参与课改”，我们邀请全体家长以学生的身份参与课堂学习。他们不但踊跃发言，力争多拿分，还会再花一节课来评课。这样的听课程、评课程，因可以体验到与孩子一同成长的快乐，触摸到生命绽放的力量而被家长们誉为“生命课堂”。

构建“练评讲”教育课程体系。在确保国家课程和地方课程有效实施的前提下，映月中学针对学生兴趣与需要，结合办学传统和优势，充分利用各方资源，自主开发和选用了一些新课程。以校助教协会的品牌课程——“定向越野”课程为例，每学期举办四次活动，两年来共有305位学生走出校园、进入社区、走向社会。

完善“练评讲”教育评价机制。映月中学建立了小组评价机制，由各班主任参照学校的相关评价机制，制定所负责班的评价细则，级部每月进行优秀助教、优秀助教小组评比，学校每学期进行“领袖风范”“学者风范”“公民风范”评比。同时，在校内培养了一批“智慧教师”“练评讲”教育管理专家和学科专家。

多年来，我们以“让学生走在教师的前面，做最好的自己；让教师走在校长的前面，做教育的先锋”为办学理念，以“培养具有公民风范、学者风度和领袖气质的新时代学生”为育人目标，以“创适合学生发展的教育，办富有特色的品牌学校”为办学目标，坚持发展“练评讲”教育文化。

相信未来会更加美好！

品德不良中学生心理教育策略探讨

品德不良的中学生是指那些道德观念模糊、纪律松弛、品行很差的学生。他们人数很少，约占学生总数的1%。尽管品德不良与违法犯罪是两个概念，但前者往往是后者的前奏信号。这些学生虽然人数少，但能量不小，影响很坏。如果不及时地进行教育，小则使他们的发展受挫，大则会危及学校风气，乃至将来成为社会的负担。因此，对这部分学生心理层面的教育，成为学校教育的一个重要课题。

一、品德不良中学生的主要表现

品德不良中学生往往表现出以下行为。

（1）小偷小摸。品德不良中学生的行为之一是小偷小摸，他们往往从占小便宜开始，发展到小偷小摸成癖，甚至三五成群相互掩护。某校初二学生王某就是一个典型例子，他从小学就养成了拿同学钢笔等文具的习惯，上中学后居然与几个人一起多次拿班级同学的“快译通”。

（2）游戏成瘾。受社会不良现象的影响，有的中学生玩网络游戏、打牌成瘾。

（3）与社会上不良青年混在一起。品德不良的中学生常常和社会上的不法青年混在一起，甚至染上喝酒、抽烟等坏习惯。

（4）逃学或离家出走。逃学或离家出走的原因是多方面的，有的是缺少家庭温暖，有的是逃避学校紧张的学习生活。

二、品德不良中学生的心理特点

概括起来，品德不良中学生有以下特点。

第一，道德认识和道德行为的不一致性。一般来讲，中学生的道德认识是正确的，但由于他们心理发展还不成熟，特别是13～15岁的中学生，处于青春期的关键时期，又加上一定客观环境的影响，最容易产生行为上的错误，出现道德认识和道德行为的不一致。

第二，集体约束与个人需要之间的矛盾性。集体主义是倡导个人利益、国家利益的高度统一，个人价值和社会价值的完美结合。但是中学生不能充分地协调自我、他人和集体的关系，不受集体约束的状况严重存在。尤其是品德不良学生，无限膨胀的个人需要与集体约束的矛盾更显得突出，因而他们在做出行为时往往不考虑社会影响。

第三，道德要求与逆反心理的对立性。心理学研究表明，心理发展尚未成熟的中学生接受外界事物，如学校思想品德和行为规范教育等，大都是顺向性的。但一些学生由于某种需要或情感得不到满足或受到压抑，便产生逆反心理。久而久之，这种心理沉积起来，就形成部分中学生的情感隔阂和对立，不接受外界的正确教育，是非观念模糊，人际关系不正常，有故意损害他人利益和社会利益的倾向。

三、对品德不良中学生进行心理教育的策略

（一）用爱的情感来感化品德不良的中学生

著名教育家苏霍姆林斯基在谈到后进生时曾说过："这些孩子不是畸形儿，他们是人类的无限多样化的花园里最脆弱最娇嫩的花朵。"（见《中学生心理卫生》山东教育出版社1994年5月版，第209页）教育的基本功能在于育人，育人不能没有爱。因此，能否用爱的情感来教育感化品德不良的中学生是决定学校心理教育成败的一个主要因素。教师应当加强自身修养，给品德不良学生更多的关爱，我校明确提出"不似父母，胜似父母"的育人原则，正是基于这一认识基础，长期以来，我校对品德不良中学生给予更多的关怀和重视，受到社会好评。

（二）用正确的方法来教育品德不良的中学生

品德不良中学生的出现是多方面的原因造成的，有家庭教育不当、社会影响不良、学校教育失误的原因，也有学生自身心理发展不成熟的原因，是一个需要综合分析的问题。找准病根所在，采用有效方法加以治疗非常必要。实践

中我们常采用以下方法。

1. 劝导说服法

此法应由受学生尊敬的教师或家长出面，以谈心的方式进行，明确指出学生行为方面的不足，并提供或示范正确的行为，对学生进行思想开导和行为引导，这个方法灵活机动，是教育中最常用的。

2. 环境隔离法

俗语说，“近朱者赤，近墨者黑”，中学生品德不良的行为常常是由于不良的环境或消极的同伴交往造成的，如果将他们与消极环境隔离，并主动为他们创造良好的学习生活环境，让他们寻求积极的同伴交往，就会使学生的不良行为逐步矫正。实践中我们发现，同一个班的学生相互影响比较大，团伙的不良行为多发生于同一个班，如果多次做工作，效果不明显的，可以考虑把这些学生分散到不同的班级里。我校初二升初三时重新编班，把这部分学生分散开来，并要求新班主任、科任老师给予更多的关注，结果发现，绝大多数同学都能重新找准自己的位置，自觉改变不良行为。

3. 奖励强化法

当品德不良中学生做出良好行为表现时，立即给予奖励，这种方法可使良好的行为得到巩固，使不良行为得以消退。学校工作中，这方面的成功例子比较多。我校规定，针对品德不良的学生，学校建立档案，指定科任老师配合班主任做他们的工作，及时发现他们的闪光点，然后报告至学校德育处乃至校长室，由学校领导直接找他们谈话，肯定他们的良好行为，鼓励他们进步。我们发现，这一方法对一些多次犯错误的，经班主任、科任老师多次教育后效果不显著的学生有时能起到很好的作用。

4. 活动激励法

通过组织活动，使品德不良学生受到震动，引起新感受，从而改变其行为。多数品德不良学生好玩，喜欢运动，有胆量表现自己。如果能针对他们的特点设计组织一些有意义的活动，乃至有准备地组织他们参加学校大型的活动，使他们从中感受到同学、老师的信任，从而增强他们的自信心，往往能收到意想不到的教育效果。在2000年9月的校运会中，我们鼓励几个品德不良学生报名参加学校纪律和安全巡查组，并大胆地任用他们，结果发现，他们工作起来特别认真负责，运动会结束后，学校特意开了一个座谈会，充分肯定他们的进步。这些学生感受到同学、老师对他们的信任，改过的信心比较足。有一位曾两次离家出走的学生，在发言中希望学校今后给予更多的机会让他们表现自己。

5. 反面教育法

为了防止品德不良学生走向犯罪道路，可以根据他们的错误行为，采取与公安部门联合的形式，让改造较好的罪犯现身说法，或让公安部门的同志有针对性地选择案例上法制教育课。近年来，我们定期组织全体学生观看未成年人犯罪的有关专题影像材料，定期请派出所的同志给不同年级的学生上法制课、开座谈会，对学生起到了一定的教育作用。

对品德不良中学生的教育是一个复杂的系统工程，从心理层面上设计教育方法，采取必要措施，也仅仅是这个复杂系统中的一个组成部分，许多问题还有待进一步探索，我们愿意同大家一道不懈地努力。

案例教学法在初中法律常识教学中的运用

在初中法律板块教学的实践中，选择适合的案例往往能更加有效地激发学生学习的兴趣，培养见“案”思“法”的学习习惯，提高学生的法律素养。因此，用案例说法律、学法律、教法律是初中法律常识教学的首选方法。

一、变文字案例为小品表演，突破重点和难点

单纯的文字案例对初中学生来说缺少吸引力，要想激发他们的兴趣，教师得精心准备一番。我的经验是尽量将文字案例改编为小品的形式，让学生自己表演出来。一方面可以活跃课堂气氛，激发学生学习的积极性；另一方面也非常容易形成良好的师生关系和生生关系，在轻松愉快的氛围中突破重点、难点，达成教学目标。

例如，粤教版初一《运用法律同违法犯罪行为作斗争》一课，让学生认识到“运用法律同一切违法犯罪行为作斗争”是重点，“青少年要善于同违法行为作斗争”是教学难点。教授这个内容的时候，我选取两个相互联系的案例，并将它改编成小品的形式，让同学们分组进行表演，主角、配角、场景、音乐等全部由学生来做主，演出完成之后，还安排一些“记者”进行现场采访，全班同学如临大敌，高度重视，教学效果非常好。

第一个小品名为《沉睡的家庭》。

画外音：冬天是一些动物进入冬眠的季节，你信不信，有些家庭也会“冬眠”。

半夜三更，一个无钱吸毒的小青年阿昌第一次撬开一个家庭的门，在入屋盗窃的过程中，不小心碰倒了桌面上的物品，惊动了沉睡中的一家三口（爸爸，曾先生；妈妈，符女士；孩子，曾明明，在读初一学生）。阿昌慌乱中退

出却撞到门框上，门被锁住，已经无路可走。一家三口在爸爸的带领下，惊慌失措地打开灯。阿昌抽出匕首（手在发抖）：“别过来，别过来，不然我杀了你们。”一家三口惊呆了，不约而同地求饶：“不要伤害我们。”阿昌反而镇静下来，爸爸老老实实地把家里的1000元钱交了出来，然后将门打开让阿昌出去。事后一家三口因为害怕阿昌报复，没有报警。第一次得手之后，阿昌总结出一条“真理”：只要胆子大，偷抢哪里都不怕。

学生表演非常投入。表演结束后，大家针对“一家三口”的行为表现展开讨论，达成这样的共识：这一家三口当时的表现是可以理解的，但他们事后没有报警，这种行为是错误的，这种行为不仅使自身的利益、国家和人民的利益受到损害，而且客观上纵容和支持了违法犯罪分子，这种行为其实是懦夫、自私、法盲的表现。这种共识从反面上突破了教学的难点，强化了与违法犯罪作斗争的重要意义。

第二个小品名为《狭路相逢智者胜》。

阿昌自从第一次得手之后，胆子大了许多，一年后他竟敢在光天化日下撬门行窃。一天，阿昌正在撬某小区一住户的门，刚好被下午放学回家的两个初中生看见，其中一个同学就是曾明明，另一个同学叫夏星星。通过背影，曾明明一眼就认出是阿昌。这个时候，阿昌“一门心思”撬门，并未在意两个同学的举动。这次曾明明不那么害怕了，因为他已经掌握了一些法律知识。他机智地让同学夏星星想办法稳住阿昌，自己立即转身跑到200多米外的电话亭拨打“110”报警。夏星星假装扭伤脚请阿昌帮忙，结果警察及时赶到，阿昌落网。

第二个小品表演结束，全班同学报以热烈的掌声，接着是“记者”采访。

记者：你好，夏星星，当时你假装扭伤脚主动要阿昌帮忙，怕不怕?

夏星星：不怕，因为求助是一件很平常的事情，再说我今天确实脚痛（全班大笑）。

记者：你用求助的办法来稳住“歹徒”，这种办法有什么好处啊?

夏星星：好处是让“歹徒”以为我没有发现他正在做违法的事情，这样可以很好地保护自己，又可以赢得时间让警察及时赶到（他的回答，突破了青少年同违法犯罪作斗争要以智取胜、不要硬拼这一教学难点）。

接着我组织全班学生讨论：在阿昌撬门的过程中，你能想出多少种有效办法让他受到法律的制裁？学生们经过讨论、争论后，总结出近十种有效的办法，整个教学活动在轻松愉快的气氛中完成。

二、收集身边案例，提高学生运用法律武器分析和解决问题的能力

现行初二思想政治课中的法律知识大多比较贴近学生的生活实际。平常我非常注意引导他们做一个生活中的有心人，鼓励他们收集生活中的一些法律案例在班级进行讨论，教学中我也尽量采用学生提供的案例进行分析。这样一来，许多学生的劳动得到了全班同学的认可，他们体验到了这样做的积极价值，学习成就感得到不断强化，积极性就更高了。

记得我在上《维护消费者权益的途径》一课时，就用了李学仁（此处为化名）同学提供的一个发生在自己身上的案例。

一天，李学仁同学因为下午回校上课赶时间，口渴，就在路途中的一个士多店买了一瓶豆奶饮品。喝完后，售货员硬是要多收2元钱（市面上这种饮品只卖2元钱一瓶）。售货员的理由是，冰冻的价钱要加倍，每瓶4元，你要的是冰冻，谁叫你不问清楚？

我认为这是一个很好的案例，是学法用法的好机会，于是就组织学生围绕这个案例展开讨论，回答三个问题。①李学仁同学的什么权利受到了侵害？②他可以采用哪些方法来维护自己的合法权利？③请帮助他设计一个维权方案。

问题一抛出，全班同学的积极性被调动起来了。讨论过后，大家一致认为，士多店明显侵犯了李学仁同学的公平交易权，李学仁同学可以依法维护自己的合法权益。

究竟怎样去维护呢？起初，大家的想法都是去法院起诉。我告诉大家，到法院起诉要经过几个程序，需要一段时间，还要提供一些证据，比如当时喝过的那个瓶子等，法院受理是需要必要的证据的。要大家明白，类似的纠纷到法院去解决只是其中一条途径。

最后大家集思广益，制定出了一个行动方案：先帮助李学仁同学把事情的经过写出来，特别要写清楚士多店名称、所在位置和事情发生的时间等，然后让李学仁同学把这件事情主动告诉自己的家长，请自己的家长带着他和另外几名同学一起去与士多店交涉（因为李学仁同学是未成年人，最好是自己的家长出面解决），如果不行，再向市场监督管理局“12315”电话投诉。

由于事先我已经将意图同李学仁同学的家长进行了沟通，家长心中已经有数，当李学仁拨通家长电话后，家长当即表示愿意带李学仁和班上的两位同学一起去维权，全班同学对此充满了期待。结果是士多店的售货员受到店主的严厉批评，店主退回李学仁的2元钱，并诚恳地向李学仁道歉。

三位学生得胜归来，全班同学都兴奋起来，纷纷询问维权的过程和感受。三位学生的现身说法起到了很好的作用，学习法律知识的重要价值也就不言自明了。

外部动机激励与内部动机激励及其转换

一、内部动机与外部动机的诱发

内部动机（intrinsic motivation）指的是人自发地对所从事的活动的一种认知。内部动机直接与活动本身有关，由于做某种事能激发人的兴趣，令人愉快，活动本身就是行动者所追求的目的。通俗来讲，就是无须外力作用的推动，这种动机称为“内部动机”。内部动机包括三种，第一种是对于活动本身的兴趣，第二种是完成活动的乐趣，第三种是任务对人的能力的挑战。

外部动机（extrinsic motivation）指那种不是由活动本身引起，而是由与活动没有内在联系的外部刺激或原因诱发出来的动机。

人们为了把内部动机和外部动机的诱发机制运用到管理上，就形成了内部动机激励机制和外部动机激励机制。

二、内部动机激励与外部动机激励的转换

一位美国老太太在家中休养，她需要安静的环境。但附近住着一些喜欢踢足球的孩子，最近天天到她家的草坪上踢球，互相追逐打闹，吵闹声使老人无法好好休息。但是，老人没有去直接制止，而是用了一个办法。一天，她来到草坪上，对孩子们说：“我很喜欢你们踢足球，我决定给你们奖励。”于是她给每个孩子一些钱，孩子们有了意外的收获，踢得更卖力气了。

第二天、第三天，孩子们得到的钱和第一天一样多。

第四天，老人对孩子们说：“对不起，我最近经济有些困难，必须减少给你们的奖励。”钱少了，但总算还有，孩子们踢球没有那么热烈了。

一周后，老人一分钱也不给了。结果，孩子们认为受到的待遇越来越不公

正，“不给钱了谁还给你踢”。他们再也不到老人所住的房子附近的草坪上踢足球了。

这是一个成功地将内部动机激励转化为外部动机激励的故事。小孩喜欢运动、喜欢游戏、喜欢踢足球，这是他们的天性，是他们的内部动机；老人告诉他们，踢足球可以获得奖励并给他们奖励，这时孩子们踢足球开始有了追求“获得奖励”的外部动机，当孩子们习惯于获取奖励的时候，踢足球的动机已经转移到“获得奖励”了，当老人一分钱也不给了的时候，孩子放弃了本来自己喜爱的运动。

老人阻止孩子踢足球的故事告诉我们：行为如果只用外在理由来解释，那么，一旦外在理由不再存在，这种行为也将趋于终止。因此，如果我们希望某种行为得以保持，就不要给它过多的外部理由。

假如，老人给予的钱没有减少，保持不变，对孩子的行为影响会如何？孩子获得钱所产生的激励效果会逐步降低，最终逐步离开这一踢球的圈子，因为孩子处于成长期，对金钱的需要也是增加的，所处的成长周期不同，被激励的特点也会不同。

假如，老人给予的钱是逐步增加的，对孩子的行为影响会如何？逐步增加的钱，会提升孩子被激励的感知，保持踢球这一圈子和踢球这一行为的稳定，但最终也依然会逐步分化，有些不再踢球，有些去其他圈子踢球。专精并适合的人员就更进一步，不适合更进一步的人就会选择其他发展路径。人生目标不同，受激励的效果也会不一样。当物质对孩子来说不是很重要的时候，激励要考虑孩子的内在动机——他们的兴趣及其职业取向，否则受激励的效果会减弱甚至失去作用。

如果我们面对的是一个企业或组织，那么通常会采取怎样的激励措施，效果会怎样？

很多企业或组织的激励措施偏向于外部动机激励，大多数企业或组织都喜欢这样做。一是外部动机比较简便，有钱就可以操作；二是在这个物欲横流的世界里，人们对物质的需求是普遍的现象。当然，外部动机激励是有条件的。以岗位绩效薪酬激励为例，如果岗位绩效薪酬保持不变，员工容易产生疲倦；如果能保持适当的增长，并且略微高于周边企业或组织，员工会保持一定的积极性；如果岗位绩效薪酬增幅较小，甚至下降，总体水平不如周边，那么员工容易产生抱怨情绪，最终导致员工流失。这个道理很多人都明白，所以很多企业或组织努力去做好外部动机激励向内部动机激励转换的工作就可以了。诸如未雨绸缪，长远打算，不断去打造组织文化，培植员工对企业或组织文化的认同感，不断地关注员工的职业成长和稳定的生活发展需求。

有些企业或组织的激励措施明显地偏向内部动机激励，如不断地强化工作的意义和价值，不断地强化组织的使命和愿景等，不断地强化员工的职业操守、集体荣誉感和拼搏精神。当然，内部动机激励也是有条件的。一是要有能力比较强的领路人，二是组织的工作目标和任务具有良好的社会价值。

偏向于内部动机激励的企业或组织，实际上是企业或组织为员工的工作成果买单。由于衡量工作成果的标准由组织制定，员工期望的标准与组织确定的标准必定有差距。当员工明显地感觉到职业成长和稳定的生活发展等内在需求得不到支持的时候，员工与组织的关系就会明显地偏向于雇佣关系。

偏向于外部动机激励的企业或组织，实际上是员工为企业或组织的结果买单，由于归属感增强，员工与企业或组织荣辱与共。当员工明显地感觉到自己的职业成长和稳定的生活发展等内在需求与企业或组织的发展息息相关的时候，员工与组织的关系就会明显地偏向于董事与董事长的关系。

外部动机激励与内部动机激励措施往往是综合使用的，有所偏重也是一种实际需要。我们很难界定哪一种激励更有效，但是外部动机激励和内部动机激励的相互转换是有条件的，这个条件就是基于组织目标和任务所需要的有效沟通。

一线教师的研究起点在哪里

教师成为研究者是教育改革发展的必然要求。但是教师怎样才能成为研究者呢？选择一个研究的起点，静下心来认真地做研究，无疑是一个好的思路。

一线教师研究的起点在哪里？这个问题肯定是仁者见仁、智者见智。笔者基于实践经验，尝试着进行回答。

关于教师研究的起点的问题，笔者认为可以把它分解为两个问题来讨论。一是研究从哪里开始，即零起点在哪里的问题。二是新的研究从哪里开始，即新起点在哪里的问题。前者是对教育科研新手而言的，后者是对教育科研熟手来说的。

对科研新手而言，我个人倾向于从一节课的设计起步。

一节课可以有多种设计方案，既有大家常用的常规方案，也有大家不愿意用的非常规方案。我们不妨选择一些非常规的方案试一试，然后分析其中的原因。哪些地方是可行的？为什么？哪些地方是行不通的？为什么？找出一些能说服自己的理由，然后试着与同事交流，看一看大家的意见如何。最后自己进行反思并做好记录。做完这几步工作，我认为你的研究的零起点已经突破，零起步的问题已经解决。接下来就可以吸取前面的经验和教训，做一些新的尝试，直到找出更好的，言之有理、行之有据的方案为止。我做“练评讲”教育研究也是从课堂设计开始的，最早可以推及我刚入行的时候，在当教师之前，我从学习武术中得到启示，感受到学生先“练”，老师后“讲”比老师先“讲”，学生后“练”效果要好得多，于是就不断地尝试将该方法运用到教学和管理中去，逐渐地形成了今天的“练评讲”教育模式。

对科研熟手来说，我个人倾向于变换角度设计思路再上新征途。

之前的研究很多时候并不需要推倒重来，只要转变一下角度就可以找到新的起点。其实转变角度，很多时候是一个顺其自然的过程，并不需要太刻意地去追求。我最初做“练评讲”教育研究的时候，是自己在课堂上尝试，目的也很简单，只是为了满足自己的教学需要，实现“自给自足”。后来当了教研员，有机会和一些有兴趣的老师一起做，想法也很单一，就是想为提高学科教学质量出一份力。再后来，我当了校长，有机会和全校教师一起研究，也只是希望为提高教学找一条可行的途径。我的角度是随着工作岗位的转变而转变的，每一次都能找到新的起点。

即便是同一岗位做同样的研究，也是顺其自然的过程。笔者在第一所学校当校长时研究的“练评讲”教育，局限于教学模式的探索，后来发现只研究教学模式并不能从根本上提高教学质量，得想办法让班级管理模式和教学模式齐头并进才行，于是顺着新的思路研究起班级管理模式来。到了第二所学校，班级分组助教管理模式就被创造出来了。接下来，我又发现，前述的研究还是不够，要提高教学质量还要对学校管理文化和学生的自主学习、自主教育方式进行建构。一句话，只有用一个完整的学校教育方式来统领我的研究，才有可能从根本上实现教育教学质量的新突破。有了这样的认识，又经过几年的探索，“练评讲”教育模式才最终成形。到了第三所学校，我又发现了新的起点，那就是要建立一整套“练评讲”教育的推广模型，对前几年的研究成果进行再一次的实践，今天我正在为此而努力。

教育研究只有起点，没有终点，正因为没有终点，所以找到一个好的起点就显得特别重要。以上为个人浅见，仅供参考。

一次“影子校长”的经历

——做一个善于关注对方需要的校长

2013年11月3日至11月24日，笔者随广东省“百千万人才培养工程”项目名校长班20人团队到英国苏格兰学习，一次影子校长的经历让我印象深刻。

Northfield学校校长，身高两米二，性格开朗。一大早，我们一行三人就到了他的办公室，他请我们喝咖啡。刚一坐下，他就说他去过中国两次，到过天津、上海、西安的一些学校，中国之行给他留下了非常好的印象。看得出他对我们的到访非常高兴，眼神里透出一种亲切感。他说让我们不要介意，有什么问题尽管提出来，他非常愿意解答。

他的表态，一下子让笔者感到踏实。其实，笔者有很多的问题需要了解，由于文化上的差异，确实有些问题也不便提出。比如校长、教师的收入，又比如奖金的分配等。想到今天有缘分遇到一个到过中国的校长，或许可以敞开心扉与他交流，心里面也有点儿激动。

为了避免尴尬，我们采取迂回战术，从如果教师生病住院，学校会怎样安排代课，住院期间怎样发工资等问题入手，步步为营，直到了解到每个职位的收入为止。他并不感到为难，还主动地把自己的工资情况说给我们听。

得到解答后，一种成就感油然而生。接下来，我们高兴地和他巡视校园。下楼梯，穿过走廊，他弯下腰捡起一个被丢弃的零食包装袋告诉我们：他的学生大多来自贫困家庭，卫生习惯不是很理想，这是一个不容易解决的问题。说话之间，一个身高一米七的男生迎面走来，被他叫住。男生站着，眼睛不敢正视校长，很不好意思地回答他的问题。他向我们介绍说，刚才那个男孩子没有佩戴校徽，我得问他理由。笔者追问，如果刚才那位男同学明天依然不佩戴校徽怎么办？他说，这是有可能的，我会继续追问他，因为我比他更需要知道他的行为到底有没有发生改变。笔者再进一步追问，类似不佩戴校徽的问题多吗？他向前走了几步，停下来，转过身，若有所思地说，不多，但总是有那么几个人，他们的成长环境不是很理想。看来，西方教育一样也受到后进生问题的困扰。

这所学校不算大，全校600名学生，共有50位教师。校长说解决教育质量问题是他的重要工作，他每年都要做这方面的计划，每个学期都要做专项的总结，每个星期都要和学科教师开座谈会，每天都要听课。我问他这样做是不是提高教育质量的最好的办法，他说“是一种好的办法”，另外“和学生开座谈会，和家长建立协作关系也是好办法”。看来，西方的教育，早已经把教师、学生和家长看成可以开发利用的课程资源。所谓的好办法，其实就是一种资源的开发和利用的措施。

中午，他安排各个学科带头人和我们共用午餐，他的本意是让教师直接解答我们的问题，但事与愿违，变成了我们为教师解答问题。这说明，苏格兰的老师想了解东方教育的欲望不亚于我们想了解西方教育的欲望，他们真的很想了解中国的学校。学科带头人问了很多问题，我们尽量满足他们的好奇心，整个用餐过程充满了欢乐。

临别，校长给了我们一个惊喜，他特意安排七八个学生干部和我们合影留念。他笑着说，这些学生很愿意和你们照相，我前几天已经和他们的家长沟通过了。因为在英国，要想和学生照相不是一件容易的事情，要经过家长的允许才行，我们之前参观的学校都几乎没有和学生照相的机会。

从他身上，我们很容易就能发现，人的见识不同，待人处事的方法也会不同。除此之外，他身上还有一个很大的优点，就是善于为别人着想，很会关注对方的需要，这是现代学校管理者需要具备的优秀品质。我敢断定他的管理有后劲。

难忘的一节课

2013年11月3日至11月24日，笔者随广东省“百千万人才培养工程”项目名校长班20人（其中校长17人，领队、翻译等3人）团队到英国苏格兰的阿伯丁大学学习，其间，包括走进苏格兰的一些中小学听课和交流，其中有一节课让人印象深刻。

2013年11月12日下午，在苏格兰的一所中学——Northfield。身材高大的高一宗教课教师波特，很友好地带我走进他的课堂。学生已经在教室里等候了，他示意我可以随便走动、随便看。我有些拘束，并不想在他的课堂里当着学生的面走来走去，便独自找了个有利的位置站着看他怎样上课。站着不动，刚好可以便利地观察到各个小组的动静。波特并不像其他教师那样向他的学生介绍我是谁，也可能是因为我提出听他的课时间太仓促。快上课了，校长才通知他到学校办公室来接我。我自己都觉得有点儿不好意思，他可能也没有足够的时间反应过来是怎么回事。

他用手敲了敲贴在教室正面白板上的那张A4纸，纸上面写着本节课的任务和要求，意思是，各个小组自己看清楚。同时，用手指向教室左边角落里，角落的白色书柜上放着彩色纸张，每张纸差不多都是40cm×40cm的规格。意思是，每个小组自己去那里拿来用。

题目的要求是：小组合作，想办法在彩色纸张上以文字、图画等方式，展示某个国家或者地区的宗教文化发展状况并提出要研究的问题，以便引起大家的关注和思考，要在45分钟内完成。然后按照完成的时间顺序，从左到右将作品贴在教室后面的墙壁上。

学生看完要求后，小声讨论，很快有人画图，有人写美术字，每组都有同学拿出手机上网搜索有用的信息。离我最近的是一个四人小组，估计他们猜测到我是中国人，有意识地选择了“佛教在中国”这样一个话题。画图的女学生很熟练地勾画出大肚弥勒佛像，一个男孩子随即在弥勒佛像的上方用艺术字体写上英文标题。画图的女生试图在纸上画出中国地图作为背景，后来发现不是很容易画，于是改变了主意，主动和对面的女同学商量，让她尽快找出中国国旗图样，将国旗图样画在纸张最中间的位置，写艺术字的男同学和对面的女生正在商量对网上内容进行遴选。

整个教室有5个小组，其中一个小组只有两位女生，其余4个小组每组都是4个人。不时有同学离开座位去班级左边角落的书柜里寻找彩色笔，每个人都尽量做到小心行动，不影响他人。

教师来回巡视，对学生并没有什么具体的指导；学生各自忙着自己的事，并不理会教师的巡查。

14点40分教师轻轻地敲打两声白板，提示抓紧时间。于是各个小组按照先后顺序陆续贴出探究的成果，并相互欣赏着。

探讨“佛教在中国”的小组最后完成。他们讨论的结果有四句话，分别标示在中国国旗两边的位置。国旗左边从上到下排列两句话。上句：佛教主要在中国的西藏地区，那里的人们都信佛教；下句：中国的东南部地区，经济发达、城市多，但信佛教的人很少。国旗右边也排着两句话。上句：可能是人们为了发展经济，忘掉了佛教；下句：也可能是历史的变迁，佛教自己迷失了方向。

教师看似很认真的样子，巡视着墙上每幅学生的作品，但令人失望的是他最终没有对任何一幅作品做出任何评价。

下课了，笔者好奇地向他求教。他说，5个小组提出的问题都不同，涉及好几个国家，有斯里兰卡、巴西、印度、利比亚和中国。学生的这些问题，要在自己思考之后，下节课才做点评。他们也会在下节课中，小组之间相互提一些意见，然后再继续深入探究。他强调说：学生熟悉他上课的风格，他们并不想我这个时候发表意见。

当笔者问及教材是否有中国佛教方面的介绍时，他说没有。教材只是介绍佛教的一些基本理念和一般常识，并没有介绍各个国家和地区的具体情况，包括中国。正因为这样，自己在没有思考成熟之前是不会发表意见的。

这是我在苏格兰的课堂中看到的，教师讲得最少的一节课，也是最难忘的一节。

这段时间，我不停地问自己：他这样的课，行吗？最终是他和他的学生的良好表现，让我说服了自己。

一节好课，我以为三个指标很重要。一是学生的动力和良好表现。这节课虽然教师不怎么讲，但是学生的表现非常好。人人都很用心，没有一个学生偷懒；小组分工协作比较高效，每个小组都在规定的时间内完成了学习任务。更加让人佩服的是，学生是非常善于学习的，他们获取信息的能力比较强，能在有限的时间内探究教材上没有涉及的一些问题，然后提出合理的猜想，这绝对不是一两天的培养能做得到的。西方的教育重视学生的能力培养，此处管中窥豹，可见一斑。

二是教学目标的圆满达成。这节课，每个小组选题不同，说明学生有各自的情感倾向，这就决定了他们提出的问题及其解答问题的方式和方法也是不同的。比如“佛教在中国”小组，他们不仅看到了佛教在中国的现状，而且能从两个不同的角度提出一些猜想。用我们课改的话来说，这节课的知识与技能、过程与方法、情感态度与价值观三维目标是顺利达成的。

三是教师对学生做出的有效表现。这节课教师基本上没讲什么内容，开头提醒大家注意审题，最后5分钟时提醒大家抓紧时间，整个用时不会超过30秒钟。老师在课堂只做一件事：关注每个学生的表现和他们探究的过程。除此之外，也看不出他有什么出色的表现了。但是，如果我们从学生的角度去看，就会发现这个教师有一个最大的优点，他非常了解他的学生，他知道“他们并不想我这个时候发表意见”，于是闭上了自己的嘴，什么也没有说，连走路都怕打搅学生。他更知道学生完成任务需要多少时间，尽最大的努力把课堂的时间让给学生。一节课45分钟，他让给学生44分30秒，刚好是全部小组完成任务所需要的时间。如果他占用其中的2分钟，至少有两个小组没有办法按时完成任务；如果他占用其中的5分钟，那么5个小组都没办法按时完成任务。从这个角度来看，他的表现是有效的，也是良好的。因为我们的课堂常常被一种习惯左右，不讲不成课，很少关注学生的需要，不是吗？

特色学校打造不能偏离办学方向和提高办学质量的正轨

当前，打造特色学校似乎成了新一轮教育改革发展的共同需求，有些地方的教育行政部门或督导机构已经率先评选出了一批又一批的“特色学校”。政府的重视，让教育工作者看到了突破千校一面，彰显学校个性的曙光。很多学校都主动地加入了“特色学校打造”的行列。但是在打造特色学校的过程中，急于求成、粗制滥造的现象不乏存在，有的甚至偏离了主航道。

某校为了追求“特色”，彰显“特色”，不顾学生的课业负担，编印一大堆所谓的校本“教材”，学生人手一册。我们知道特色学校的形成，离不开特色课程建设，但是这种支撑特色学校的课程一定是整合性的课程，是对国家课程、地方课程和校本课程整合之后所形成的特色课程，它渗透学校管理的方方面面，形成一种独特的学校文化。这种课程是实践的产物，是不断磨合过后，学校师生的一种共识性的行动，不一定要编印出学生人手一册的所谓校本“教材”。

某校为了尽快形成特色，苦于教师水平有限，不惜重金聘请所谓的“大师”级人物亲临指导。事实上，不能自力更生的特色，很难茁壮成长。

某校瞄准某项活动打造特色，拉着学生到处比赛。学生比了一轮又一轮，结果是自己丢掉了学业，学校赢得了“美誉”。这样的学校，在创造特色的时候，压根儿就没有考虑过这些特色是否有利于促进学生的全面发展，打造这样的特色，学生的路在何方。有的甚至自诩自己的学生胜过专业队。没有为学生的未来着想的特色创建活动能走多远，可想而知。

种种乱象，亟待拨乱反正。笔者认为，特色学校打造不能偏离办学的方向和提高办学质量的正轨。

首先，特色学校打造不能偏离办学方向的正轨。不同类型的学校，办学的目标和方向是不同的，基础教育类的学校不能办成职业教育特色学校，义务教育阶段的学校不能办成成人教育特色。同样地，体育特色学校，无论小学、初中、高中都不能与专业体校混为一谈，这是底线。

其次，特色学校打造不能偏离提高办学质量的正轨。“质量就是一个产品或服务的特色和品质的总和，这些品质特色将影响产品去满足各种明显的或隐含的需要的能力”，这是美国质量学会给“质量”所下的定义，这个定义在世界范围内被采纳。学校是服务机构，同样适用。按照上述定义，我们可以给学校质量下个定义，所谓学校质量实际上是学校的服务质量，它是学校特色和学校品质的总和。这些品质特色将影响学校的教育教学服务去满足消费者（包括家长和学生）各种明显的或隐含的需要的能力，也就是吸引力。可见衡量一所学校的办学质量有三个基本要素：一是学校有什么特色，二是学校的品质如何，三是特色与品质的总和所产生的吸引力怎样。这个道理警示我们，打造特色学校不能偏离这个质量评价标准，一定要把特色、品质和吸引力紧密联系在一起，特色形成的时候一定是品质提升、吸引力增强的时候。实际上，办学质量是学校发展的生命线，也是特色学校存在的基础。一个办学质量低劣的学校，一个认同度低下、没有吸引力的学校，永远不可能成为特色学校。

最后，特色学校打造不能急于求成。学校发展一般要经历三个阶段，即“合格学校—规范学校—特色学校”。特色学校是学校发展的高级阶段，不可能一蹴而就，需要稳步推进。

“练评讲”教育成就全国课改名校

“练评讲”教育应用研究至今已经走过十多年的历程。2012年9月“练评讲”教育模式创始人龙海平到平洲三中任校长，“练评讲”教育模式得以逐步推行。三年的实践，令平洲三中这一薄弱学校华丽转身，教育教学质量得到了明显的提高。全国各地的教育考察团纷纷到访，三年间累计到访超过7000人次。平洲三中老师应邀异地上展示课已经成为常态。

什么是“练评讲”教育模式?

“练评讲”教育模式，就是以“让学生走在教师前面，做最好的自己；让教师走在校长前面，做教育的先锋”为办学理念，以“问题—探究—展示—反思”为学生自主学习模式，以“学生练—助教评—教师讲—小组赛”为教学基本特征，以培养学生的公民风范、领袖气质、学者风度为目标，以“自主实践—同伴互助—名师指引—合作争先”为育人机制的一种学校教育方式。它的优势在于将教书育人、管理育人、文化育人融为一体，创造出一种适合学生发展的教育。

“练评讲”教育培养的是不一样的学生。学生善于实践、懂礼貌、求上进、有担当、阳光生活、自信自强。

“练评讲”教育锻造的是不一样的教师。教师务实进取、善于学习、关爱学生、言传身教。

“练评讲”教育打造的是不一样的学校。校园舒心和谐、师生关系融洽、生生关系和睦，学校就是一个乐园。

平洲三中怎样推行“练评讲”教育?

2012年9月，龙海平到平洲三中任校长后，采用老师自主参与，年级以点带面、全校逐步推广的方式开展，在“练评讲”获得全校师生认同的基础上顺势而为。

最初是七年级高绮明、吴静两位班主任率先尝试在班级实施分组助教管理。一个学期后，大家发现他们的两个班在班风、学风、学习成绩等方面都比其他班有明显的优势。于是七年级的其他班级纷纷效仿，初二、初三的班级也相继加入“练评讲”研究团队。2012—2013学年第二学期七年级参加南海区数学绿色质量监测取得南海区公办学校第一名，引起较大影响，全面推行班级分组助教管理模式水到渠成。

与班级自愿加入同步，教学处安排愿意尝试“练评讲”教学模式的老师上展示课，林权、杨志、黄丽华、朱锡江等成为首批志愿者。志愿者率先实践，有所感悟之后便主动与人分享。他们的现身说法，很好地激发了老师们的兴趣，“练评讲”教学研究队伍不断壮大。

与老师自愿加入同步，学校不定期开展“无领导”论坛，分享实施“练评讲”教育的心得体会，探讨平洲三中的“练评讲”教育之路。这种论坛方式看似随意，实则作用巨大，使教师不知不觉聚焦“练评讲”教育。2013年9月，“练评讲”教育已经实现学校各方面工作的全覆盖，并以意想不到的速度向周边地区辐射。

“练评讲”教育让平洲三中实现华丽转身。

学校全面实施“练评讲”教育之后，真正地“让学生走在教师前面”，“让教师走在校长前面”，学生和老师的主观能动性充分发挥出来了，大家干劲十足，学校的办学水平也快速提高。

平洲三中在“练评讲”教育改革中崛起，办学质量不断提高，全国各地的学校纷纷来访，老师受邀进行异地教学展示也成为新常态，一种开放办学的新格局正在平洲三中形成。

"练评讲"教学法的产生

从2007年8月起，佛山市南海区桂江一中进行"练评讲"教学法课堂教学的课题研究和学校教育改革。"练评讲"教学法就是以学生先练、助教点评、教师后讲、小组竞赛为主要特征，以班级分组助教管理为依托的教与学相结合的组合运作方法。现在，"练评讲"不仅是教学法的改革，而且已经完全运用于学校管理的各个方面。如学生干部培养与学生自主管理、学生日常行为规范管理、学生学业管理及评价、学生宿舍管理、教师日常教学管理、教师全面评价等。

2005—2007年，我在佛山市南海区石肯中学主持了一个名叫"中难度题型搭台训练教学研究"的课题，该课题旨在探讨教师应当怎样命好课堂练习题和用好课堂练习题，为学生解决中难度题型搭建平台。实践中我们发现"练评讲"模式比传统的"讲练评"模式更受学生欢迎，于是就在毕业班教学中推行这一模式，看看结果如何。让我们意想不到的是石肯中学，这所薄弱的农村学校，竟然连续两年中考成绩综合指标进入南海区初中学校前十位，获得历史性的突破。"中难度题型搭台训练教学研究"课题荣获广东省教育学会"十五"科研成果二等奖，"练评讲"教学模式初步成型，引起关注。

当时的"练评讲"教学模式还有许多不足之处：一是它操作起来容易出现课堂沉闷现象；二是它看似简单，但要大面积推广并不那么容易。究其原因，是班级管理方面没有跟上，难以实现教师、学生、班级、学校管理的相互协调。事实上，很多教学法的实施局限于教师单方面的操作，无法从根本上解决学生主动参与的问题，更没有考虑如何与班级、学校管理相协调的问题，导致操作难、效率差，中看不中用。从这个角度看，"满堂灌"的现象不是单靠转变观念就可以解决的问题。想得到不等于能做得到。2007年9月，我到桂江一中任校长，带着这些问题，同桂江一中的教师进行探讨，决定把“练评讲”教学模式作为一种教学法来研究，确立了“‘练评讲’教学法行动研究”课题。后来我们发现，在“练评讲”教学模式中增加一个“赛”的环节，可以解决课堂沉闷的问题，达到振奋课堂之目的。在班级管理中实施班级分组助教管理的德育模式，可以解决大面积“练评讲”教学模式推广难的问题。在学校管理中创造一种以“自主实践—同伴互助—名师指引—合作争先”为主要特征的育人模式，可以培养学生的社会责任感、创新精神和实践能力。于是“练评讲”教学法逐步成长为三位一体的组织结构。所谓三位：一是“练评讲”教学模式，属于教学管理范畴；二是班级分组助教管理模式，属于德育管理范畴；三是“练评讲”育人模式，属于学校整体管理范畴。所谓一体，指“练评讲”教学模式、班级分组助教管理模式、“练评讲”育人模式有机结合在一起，构成“练评讲”教学法整体。在这个整体里，教学管理、德育管理、学校管理协调一致，赋予教学法新内涵。

“练评讲”教育特色名校的创建

一、千灯湖畔的特色名校

佛山市南海区桂城街道桂江第一初级中学，坐落在广佛交会的桂城，美丽的千灯湖畔，目前有45个教学班，学生2468人，教职员工210人，是“广东省一级学校”“广东省现代教育技术实验学校”和“广东省信息学十强学校”。在教育改革的浪潮中，桂江一中的“练评讲”特色彰显出了独特的教育魅力，形成了服务南海，辐射全国的发展态势。

校训“自信自强，务实进取”，从心理和行为两个方面引导学生开拓进取，校徽上北斗七星的图案，预示着学校将打造引领性的文化。育人目标是“铸就领袖气质，磨砺学者风度”，这是打造引领性文化的具体要求。

二、“练评讲”教育特色的创立

长期以来，“老师讲—学生练—老师评”，学生跟着老师走，这是中国传统学校课堂教学最鲜明的特点。今天，在教育改革浪潮的推动下，我们能否让学生跑在老师的前面，做学习的主人呢？桂江一中做出了令人信服的回答。它们以“‘练评讲’教学法行动研究”为契机，再造教学流程，构建了“学生练—助教评—教师讲—小组赛”新的教学流程，称为“练评讲”教学模式。与此同时，它们把一个班分成五个组，每个组都有一个学生当正助教，多位学生当学科助教，班级和课堂以助教小组为基本单位开展各项评比和竞赛活动，它们把这种模式叫作“班级分组助教管理模式”。经过改造后的教学，不再是教师的灌输，而是让学生在练习中产生认知冲突与疑惑，带着这种困惑去探究，辅以助教和教师的指导，完成知识的主动建构，并获得相应的技能。经过改造后的教学，有一个突出的特点，就是将老师的教法、学生的学法、班级的管法，有机地结合在一起了，突破了传统教学法的局限，实现了教学管理和德育管理的协调一致。

多年来，我们的学校，几乎都以考试分数为评价学生的唯一指标，育人方式单一化。在经济全球化和人才成长方式多元化的时代，我们能否提供适合学生多样化发展的教育？对此，桂江一中也进行了富有成效的实践。它们不断挖掘“练评讲”教学模式和班级分组助教管理模式的精神实质，重寻教育本源，把“让每个学生都成为最好的自己”作为学校的育人方向，提出了“铸就领袖气质，磨砺学者风度”的特色育人目标，成功创建了“自主实践—同伴互助—名师指引—合作争先”的育人机制，称为“练评讲”育人模式。学校通过成立助教协会，鼓励学生竞选“助教”，把分组助教管理从课堂内拓展到宿舍管理、饭堂管理、校园活动管理、学校文化建设等各项活动中去，培养学生的管理素质和自主学习能力，让学生“自信自强，务实进取”，成就最好的自己。经过变革的教育，应试只是一种能力，分数不是唯一的追求，学生可以在自主实践中成长、在同伴互助中成长、在名师指引下成才，也可以在合作竞争的氛围中成长，还可以在诸多因素的共同作用下成长；经过变革的教育，有一个突出的优势，学校给学生搭建舞台，教师把学生推向前台，教学模式、班级管理模式、学校整体育人模式协同作用，提供适合学生的教育。

三、社会各界对“练评讲”教育特色的评价

广东省教育厅教研室主任吴惟粤在考察桂江一中“练评讲”教育改革之后指出：“桂江一中的‘练评讲’教学改革，着力培养学生自主学习、合作学习、探究学习的习惯，真正从源头上减轻学生负担，让学生快乐成长，符合新课改精神，值得肯定。”（摘自《广东教学》2011年第1835期编者的话《省教育厅教研室吴惟粤主任一行5人莅临桂江一中调研“练评讲”教学改革》一文）

佛山市教育局副局长赵银生（教育学博士）经过多次深入调研之后撰文指出：“桂江一中的改革是从教学方法研究开始的，然后超越教学法研究，对学校管理的很多方面进行改革，已经触及学校的文化创新这一核心问题。整个过程是全员参与，大家共同努力，朝着整体提高育人质量的目标迈进。这是非常可贵的一种探索，可与洋思经验、杜朗口改革相媲美。”（摘自《佛山教育》

第3期《总结提升，深化改革，走出一条公立学校特色办学之路》一文）

华南师范大学未来教育研究中心汪晓东博士在做桂江一中毕业生追踪调查时发现，经历“练评讲”模式洗礼，毕业生的发展后劲超乎预期。南海几所重点高中的学生会骨干分子有半数来自桂江一中，且学习成绩名列前茅，如今年高考，以677分的成绩夺得南海理科亚军、佛山理科第三名的宋扬。

“现就读于南海一中高二年级的邝子凌，高一时就被破格提拔为学生会副主席。2011年暑假，她被邀请回桂江一中参加‘练评讲’教育研讨会时很有感慨：‘桂江一中三年助教经历，使我的胆量和口头表达能力有了明显的提升，我已经不再害怕公开演讲，甚至演讲时都不用打草稿。竞选演说的时候，其他同学都是拿稿子念，有些甚至念都念不好，只有我一个人是脱稿演讲。无论是语言表达还是仪态表情，都让评委老师感到惊奇。那一刻，我真的很自信、自豪。感谢母校桂江一中的培养，特别要感谢助教这种方式对我的锻炼。’”（摘自《佛山教育》第7期《我们不仅要善于批判一个旧世界，更要善于创造一个新世界》一文，作者汪晓东）

“长风破浪会有时，直挂云帆济沧海”，桂江一中的“练评讲”教育，特色鲜明，品质优良，影响力不断增强，已经形成了服务南海、辐射全国的态势，相信在不久的将来，桂江一中一定能不负众望，成为名副其实的全国知名特色初中。

为什么要实施“练评讲”教学法

一般意义上的教学法，大多是教法与学法相结合的产物，探讨的是教师怎样教、学生怎样学等基本问题。我们研究并实施了四年多的“练评讲”教学法，则超越了这种局限，涉及了教师怎样教、学生怎样学、班级怎么管、学校整体怎样育人等诸多方面，可以说是创新性的教学法。

什么是“练评讲”教学法？所谓“练评讲”教学法，就是以树立公民风范，铸就领袖气质，磨砺学者风度为培养目标，以“学生练—助教评—教师讲—小组赛”为课堂特征，以班级分组助教管理为依托，以“自主实践—同伴互助—名师指引—合作争先”为保障的教法、学法、管法、育法相结合的组合运作方法。它表现为四种操作模式的有机结合，即以“问题—探究”的自主学习模式、“练评讲”课堂教学模式、班级分组助教管理模式和“练评讲”育人模式的有机结合。“练讲评”教学法是“四位一体”的组织结构。所谓“四位”，一是“问题—探究”的自主学习模式，属于个人学习管理范畴；二是“练评讲”教学模式，属于教学管理范畴；三是班级分组助教管理模式，属于德育管理范畴；四是“练评讲”育人模式，属于学校整体管理范畴。所谓“一体”，指以上四个模式有机结合在一起，构成“练评讲”教学法整体。在这个整体里，教法、学法、管法、育法协调一致；学生自我管理、学校教学管理、学校德育管理、学校整体管理协调一致。

为什么要实施“练评讲”教学法？

首先，创建“练评讲”教学法，直击教育教学改革操作难的问题。

其次，实施“练评讲”教学法是促进学校改革发展的需要。培养学生自主、探究、合作学习能力和习惯，是摆在我们面前的一个实实在在的任务。作为学校，我们确实需要寻找一种既能让学生在课堂上培养自主、合作、探究的学习习惯，又能在生活中运用这种习惯的学习机制；需要寻找一种既能减轻教师教学负担，又能减轻学生学习负担的教学机制；需要寻找一种既能运用于教学管理，又能运用于德育管理，还能运用于后勤以及整个学校管理，并且简便易行的一种管理机制。“练评讲”教学法，把学生怎么学、教师怎么教、班级怎么管、学校怎么育人融合在一起，正是我们学校发展过程中需要寻找的东西。

最后，实施“练评讲”教学法是社会转型人才培养方式转变的需要。经济全球化，带来文化多元融合。文化的多元融合，促使人才成长方式多元化。建立在农业文明基础上的“老师教—学生学”的传统育人方式显然因难以满足工业文明、后工业文明时代人才成长的需要而受到前所未有的挑战。随着人类活动方式（主要是生产方式、生活方式，以及由此派生出来的思维方式）的根本性和整体性变革，“老师教—学生学”的教育方式，也只是人才培养的一个重要方式而已，绝不可能成为唯一的方式。学生的成长方式是多元的，他们可以在自主实践中成长，可以在同伴互助中成长，可以在名师指导中成长，可以在团队的合作竞争中成长，还可以在以上因素的协同作用中成长，这是不容争辩的客观事实。因此，现代学校教育需要改革“老师讲—学生听”的单向课堂传输方式，建立一种有利于学生多途径成长的育人机制。包含“自主实践—同伴互助—名师指引—合作争先”“练评讲”育人模式的“练评讲”教学法，蕴藏着我们需要的能量。

“练评讲”教学法探新

我主持“练评讲”教学法研究已经有五年，先后在两所学校实践，取得明显的效果，引起教育行政部门和很多兄弟学校的关注。在此对“练评讲”教学法做一个介绍。

一、“练评讲”教学法的创新性

“练评讲”作为一种新的教学法，人们自然会问它是否具有创新性？对这个问题，我的回答是，凡是有别于他人的教学法都具有创新性。“练评讲”教学法与已有的“讲练评”教学法相比，有自身的特点。

（一）两者的实施顺序不同

前者的实施顺序是学生练习—助教互评—教师讲解—小组竞赛；后者的实施顺序是教师讲解—学生练习—教师点评，并不强调要分组，也不强调要进行小组竞赛。

（二）两者的指导思想不同

表面上，两者的区别在于各环节的实施顺序不同。实际上，两者的区别在于教育指导思想的不同。前者以学生为中心，后者以教师为中心，这是两种教学法最根本的区别。“讲练评”是一种常规教学法，司空见惯；而“练评讲”则是一种新的教学法，它旨在通过学生练习、助教互评，使学生产生困惑，然后由教师针对学生的困惑进行讲解、点评，最后以小组竞赛为落脚点，这无疑是对常规教学法的大胆挑战。

（三）两者实施的前提条件不同

“练评讲”教学法的实施必须满足三个前提条件。①教师必须有精心设计的练习题（或练习项目），学生通过练习，自己发现问题、产生困惑，并体验到发现问题的快乐。②有班级分组助教管理基础，班级有分组、学科有助教、小组有帮扶，便于开展小组竞赛。③有评价标准，包括课堂“四好”标准（练得好、评得好、讲得好和赛得好）和班级“四优”标准（分组优、评价优、干部优、管理优），以便评价学生学得如何、教师教得如何、小组赛得如何、班级管得如何，而“讲练评”教学法的实施则无须满足这三个条件。

“练评讲”教学法的上述三个特点，决定了它具有创新性。

二、“练评讲”教学法的心理学依据

“练评讲”教学法的心理学依据很多，这里主要谈三个方面。

（一）体现了建构主义学习理论的精神实质

建构主义（constructivism）学习理论在知识观、学生观、学习观等方面具有独到的见解。例如，建构主义学生观认为：①学生并不是空着脑袋走进教室的，他们在学习之前就已经有了广泛的知识经验；②学生原有的知识经验是新知识的生长点；③学生的协作活动对知识的意义建构起着重要作用。又如，建构主义学习观认为：①学习是知识的建构过程，学习不是教师把知识简单地传授给学生，它需要学生自己建构才能获得；②学习是一个双向建构过程，这就要求教师对知识要有积极理解，也要求学生要主动建构；③已有知识经验是学习的基础。

建构主义学生观中的第一点和第二点为“练评讲”教学法的第一个环节“学生练习”提供了依据；第三点为“练评讲”教学法的第二个环节“助教互评”提供了依据；建构主义学习观为“练评讲”教学法的第三个环节“教师讲解”提供了依据。

（二）符合学生知识学习的思维活动规律

我们知道，学生在学习知识时常常会给自己提出如下问题：科学家是如何在实践中发现问题的？在解决问题的过程中，他们的思想历程是怎样的？在遇到困难时，他们是如何设法解决的？他们采取什么办法来打破思维桎梏以拓宽思路？他们是如何整理、修改自己的思维过程，把自己的思想精妙地表达出来的？他们何以想出这种解决方法，而我为什么没有想到？等等。其实，我们教师在备课的时候，也常常有这些思维活动。“练评讲”教学法的提出者正是认识到学生学习知识的这种思维活动规律，不主张采取强硬灌输、要求学生死记硬背的办法，而是主张让学生先练习，使他们自己发现问题、产生困惑。因此，“练评讲”教学法能通过科学地安排教学程序，以激发学生的求知欲，从而帮助学生主动地获取知识。

（三）注意到教科书中知识体系的安排顺序与教学思维活动之间的逆向性

科学家最初在获得知识时，其认知规律大致是：在实际中发现问题—解决问题—概括为知识—上升为一般原理（理论）。然而，中小学教科书，对知识体系的安排却是：一般原理—举例—应用。两者正好是逆向的。前已述及，学生在知识学习中，其思维活动规律跟科学家发现知识的思维活动规律有很大的相似性。由于教科书中知识体系的安排顺序与学生学习知识时的思维活动规律正好相反，这就势必导致学生死记硬背，把本来非常有趣的知识学习当成苦差事，这恐怕是相当一部分学生厌学的根本原因。“练评讲”教学法的实施有效地解决了这一矛盾，它借鉴科学家在获得知识时的思维活动规律，将其设想为学生学习知识时的思维活动规律，据此设置教学程序。

办学，提高教学质量只是一个起点

一、学生练得不到位的问题，责任在学校

木桶理论启示我们，最薄弱的地方就是最有文章可做的地方。那么制约教学质量提高最薄弱的地方在哪里？一般来讲在课堂。在课堂的什么地方？在课堂里学生练得不多、练得不好、练得不到位。学生练得不到位的问题责任在教师，教师讲得太多，或设计的问题不好。教师的问题责任又在哪里？在学校，学校缺乏有效的课堂操作规范和监督机制。所以有必要从课堂教学创新入手，推行“练评讲”教学法，建立一种让学生先练先评，教师后讲的课堂操作规范和相应的监督机制。

二、学校改革要面对文化层面的难题

“练评讲”教学法其实比较简单，但是要全校推行真的很艰难。因为要克服来自文化层面的种种阻力。事实上，一个制度的实施或者是一项新制度的执行，只有上升到文化层面，促使人们形成了习惯以后，才会真正地发挥作用。出台一个制度很容易，执行一个制度很艰难，特别是要使人们接受并养成自觉的习惯，确实不是一件简单的事。难怪很多改革方案出现执行难的问题，有的折腾一圈，又回到了起点，如某些地方的课堂改革、考试改革、减负、学校教学评价改革等。可以这样说，凡是深层次的改革都毫无例外地会遇到文化层面的难题。“练评讲”教学改革无法回避文化层面的难题，我们每走一步都不容易。例如，有便利的各科同步练习不用，非要教师自己出题，没有几个人理解，理解的人也未必愿意去做；课堂上不讲就让学生去做，老师不放心，放心的也不一定愿意让学生如此浪费课堂宝贵的时间；学生助教，帮助收

作业还可以，但是要让他们这些完全没有教师资格的小孩代替教师评讲题目，没有几个老师会相信他们能讲得明白；相信的，也不会轻易放手让他们干，因为他们现在无论如何都不可能胜过他们的教师。呜呼！这些问题不解决，再优秀的教学法都不会产生作用，说和做终究是两张皮，改革也只能在原地踏步。

三、破解难题，我们从最不该动手的地方动手

我们中国人习惯于稳定思维，担忧改革会危及稳定。我们文化的力量基于稳定的思维习惯，文化的阻力也来源于此。改革实质上是对文化习惯的修改和完善。选择什么样的切入点，这很关键。我们学校做课题研究有一个习惯，那就是先拿初三做实验，然后再推广。“练评讲”教学法的推行就是从毕业班这样一个习惯于稳定的班级开始的。人们说我们敢于赌，其实不是，我们不可能拿学校和学生的前途作为赌注。我们的出发点是好的，只是人们误解了，只知其一，不知其二，是看待问题的角度不同罢了。之所以拿初三先做，理由是：初三教师整体素质好，容易理解课题组的意图，主持人不需要花更多口舌去说教；初三教师比较忙，没有那么多时间来说三道四；初三的风险比较大，搞不好要“下课”，所以课题组得小心行事，尽量多地去听取学生的意见，听取老师的意见，这些恰好就是行动研究方法所需要具备的关键因素。在行动中研究、在研究中行动。我们常常在谈论，一个以提高教学质量为目标的课题，如果不敢面对中考的挑战，不做也罢。还有，初三一旦取得成功就很有说服力，推广起来也容易。事实证明，这样做是有道理的。当然，任何改革都会有风险。我们的“练评讲”教学法还处在实施的阶段，风险大、困难多，我们需要帮助。

四、办学，提高教学质量只是一个起点

我们推行“练评讲”教学法的目的在于提高教学质量，提高教学质量的目的在于提高办学质量，提高办学质量的目的在于满足人民群众日益增长的文化教育需要。可见，提高教学质量只是一个起点。尽管我们在中考和学科竞赛等方面取得了非常突出的成绩，但是由于它不是我们的最终目标，所以请大家不要单纯用中考和学科竞赛这些教学层面上的指标来考量我们所做的工作。学校

是公益事业、服务行业。提高办学质量，办人民满意的教育是学校义不容辞的责任，学校不能把起点当终点。

一所学校办得好不好，关键看办学质量高不高。衡量一所学校的办学质量高低，关键看三个要素：一是看学校有没有自己的办学特色，包括培养目标如何，实施策略效果怎样等；二看学校品质高低，包括服务档次、教学质量、管理水平、学生满意度、社会认同度等；三看特色和品质总和所产生的吸引力大小。我们做课题、搞改革，是希望有助于提高桂江一中的办学质量。尽管我们取得了一定的成绩，但是距离高质量的办学目标还有很长的路要走。今后，我们将借助“练评讲”教学改革的机会，在办学特色打造和办学品质升华上下功夫，不断增强学校的吸引力，办政府放心、人民满意的教育。

借得春风来，催成雏花开

——广东省佛山市南海区桂江一中课堂心育机制简介

上课铃响后，课堂静悄悄的，同学们都在做没有学过的练习题，十多分钟后，一位同学面带会意的笑容走上讲台，她就是今天当值的助教——“小老师”雯雯。五十多位同学都把目光集中到了她的身上。她侃侃而谈，时而提出问题，时而讲解疑难，时而在黑板上为各小组记录得分……雯雯的镇定和自信，以及她的综合表现，让听课的老师赞叹不绝。这就是广东省佛山市南海区桂江一中“‘练评讲’教学法行动研究”课题组公开课的一个片段。

一种教学法的背后是一种教学理念和教育思想。真正让学生受益的教学法，必然是符合学生心理成长需要的教学法，这是毫无疑问的。以提高学生的自主学习、合作学习能力为重要目标的新课程改革，对中小学课堂教学要选择什么样的教学模式，建立什么样的课堂教学激励机制，实现什么样的心育目标提出了挑战。桂江一中从2007年9月开始，开展“‘练评讲’教学法行动研究”，在课堂上引入助教制度，建立激励机制，提高了学生的学习兴趣，增强了学生的自信心，促进了学生的心理成长。在课堂上，建立起了心理健康教育的常规渗透机制和操作模式。

一、“练评讲”教学法：让学生在“尝试错误”中成长

何谓“练评讲”教学法？简单说来就是一种以学生先“练”（做练习）后“评”（评价、点评），教师先“评”后“讲”（讲课、讲解）为主要特征的课堂教学模式。传统教学一般是先由教师讲解新知识，再由学生去做练习进行巩固。而“练评讲”教学法则把练习的环节放在最前面，让学生先从尝试错

误中学习。美国心理学家桑代克曾做过“饿猫开迷笼”的经典实验，实验中的小猫通过不断尝试、犯错，最终学会了开启笼门。“尝试错误”早就被心理学家的实验证明过，是学习的有效方法。正所谓“看过不如做过，做过不如错过”。学生通过练习过程中的错误和疑问去主动探究知识，比起老师的“满堂灌”更能有效地获得新知识、巩固新知识，而练习题本身的梯度又可以激发不同层次学生的学习兴趣，让学生找到成功的内驱力。

二、“助教制度”让学生助教他人，快乐自己

何谓“助教制度”？简单说来就是指培养和任用学生当“小老师”的制度。桂江一中通过学生自愿申请和老师推荐相结合，培训一批优秀的学生来参与组织课堂“练”“评”“讲”中的部分或整个教学环节，以及课堂和课后对个别同学进行“一帮一”的辅导。传统课堂中，“教”是老师的活动，学生只是负责“学”。但教育心理学的研究表明，同辈团体的影响是课堂教学效率的一个重要的现实因素。伟大教育家陶行知先生也曾经说过：“孩子最好的老师，不是我，不是你，而是孩子队伍里最进步的孩子。”在教学实践中，我们发现小助教在课堂上的精彩表现往往比教师更能吸引同龄人，具有榜样的作用。而他们在课堂上以及课后对同伴的辅导更有助于教学目标的进一步达成。推行“助教制度”，让学生参与“教”的过程，不仅可以拓宽学生自主学习的途径，满足学生的表现欲，更重要的是可以让全班同学上课的专注程度更高、学习兴趣更浓、学习榜样更加清晰。正如一位学生助教所言：“助教制度，让我们助教他人，快乐自己。”

三、“课堂激励机制”让学生获得健康的情感体验

何谓“课堂激励机制”？它是指以完成具体的学习任务为目标，分小组竞争的课堂评比制度。为了调动同学们的积极性，桂江一中把每个班的学生分成五个学习小组，每节课都会设置一两个项目让小组同学开展组内合作、组外竞争的评比活动，让课堂在“动”（做练习）起来的基础上“活”（活跃）起来。这种评比机制不是在演戏，它关系到小组每个同学的切身利益，所以人人都得认真对待。比如当天评比分数比较高的小组，能获得减免当天作业或自主设置课后作业的奖励。一个月累计分数比较高的小组会获得年级组的表彰和奖

励。这样的课堂激励机制建立起来之后，我们高兴地看到，同学们在各组助教的带动下，积极性不断提高，课堂闪耀着灵性的光辉。成功的小组，每个同学自然无比兴奋，体验到什么叫合作的需要，什么是胜利的快乐；失败的小组，每个人自然都会自省，反思不足，然后相互鼓励，坚定信念，在哪里摔倒就在哪里站起来。成功与失败乃人生之平常事，经历多了，心态自然也就平和了，人也就更加成熟了。可谓“自古雄才多磨难，历来纨绔少伟男”。

初中阶段是人生极为重要的关键年龄期，在学生心理发展中占有特殊的地位。提高这一阶段学生的心理素质，促进学生健康成长是学校教育迫切需要解决的问题，很多学校立足实际进行了积极的探索，可谓百花盛开。但桂江一中从教学法的研究和建构入手，在课堂教学中实施助教制度，建立激励机制，把课堂教学和心理健康教育有机地结合在一起，在课堂上，建立了具有学校特色的心理健康教育常规渗透机制和切实可行的操作模式，让人耳目一新。我们希望这种机制和模式，能在“‘练评讲’教学法行动研究”课题组全体老师的共同努力下，春风化雨，开出艳丽的心育花朵。

21世纪政治课教师素质结构浅见

21世纪这个知识经济时代，人才的竞争尤为激烈，教育的地位愈加重要。政治课教师在21世纪教育事业的发展过程中，肩负着培养适应21世纪需要的建设者和接班人的良好思想道德素质的历史重任，自身应具备以下素质结构。

一、政治思想素质

政治课教师的良好政治思想素质突出表现在以下两个方面。

（一）坚定的共产主义信念

思想政治课是对学生进行集体主义、爱国主义、社会主义教育，以培养学生正确的世界观、人生观、价值观为己任的一门规格教育课。教育者如果没有坚定的共产主义信念，就难以担负起传道、授业、解惑的重任。很难想象一个理想信念动摇、不坚定的人能说服、教育别人坚定理想和信念。共产主义是人类最美好的理想，是社会生产力发展的必然。社会主义教育的显著特点就是要对学生进行共产主义理想信念教育，政治课教师对这项任务义不容辞。这个光荣的职责要求政治课教师自己必须坚定共产主义信念。坚定的共产主义信念来自对马克思主义，特别是科学社会主义的深刻理解，来自对国际共产主义运动，特别是中国社会主义革命和建设的深刻认识。因此政治课教师必须认真学习马克思主义理论，并把它同中国革命和改革开放实践结合起来，提高认识，坚定信念。

（二）忠诚于党和人民的教育事业

随着我国改革开放的不断深化，新情况、新问题层出不穷。特别是社会气氛中不健康的思想，金钱主义、极端主义、享受主义等资产阶级价值观和人生观仍会不断地侵蚀着我们的社会机体；贪污、腐败等各种丑恶现象还会存在；

国际环境也将随着国际竞争的日趋激烈而变得更加复杂。面对这一社会环境，如何站稳脚跟，忠于职守，以身作则，每个政治课教师都时刻面对着考验。只有那些忠诚于党和人民教育事业的人才能坚守岗位，乐于奉献。忠诚于党和人民的教育事业，来自对祖国、对社会主义、对中国共产党的无比热爱。因此，政治课教师要加强对中国近代史和现代史的学习，特别是要加强对中国革命史和党史的学习，加深爱国、爱社会主义、爱共产党的感情。

二、科学文化素质

知识经济时代，经济和社会发展要求我们培养的人才必须掌握现代科技的最新成果，必须具有较强的能力和深厚的科学文化基础。政治课教师要跟上时代的步伐，就必须进一步通过学习掌握更多的知识。具体包括以下三个方面。

（一）掌握现代教育技术

随着以电子计算机、原子能和空间科学技术的发明和应用为主要标志的第三次科技革命的出现，现代化的教学设备在21世纪被广泛运用于思想政治课教学中。《中华人民共和国教育法》第六十六条规定“国家鼓励学校及其他教育机构推广运用现代化教学手段”；国家教委在《关于进一步加强和改进中学思想政治课教学工作的意见》中也明确要求“教师在进行教学中还要利用录音、录像、电影、投影、挂图及计算机设备辅助教学，增强教学的效果”。可见掌握现代教育技术是21世纪政治课教师的一项重要素质。当前，多媒体技术辅助政治课教学已经显示出它的优越性和较好的发展前景，政治课教师必须适应21世纪教育现代化的需要，加强现代教育技术的学习。

（二）具有丰富的教育科学理论知识

科学的教育学、心理学理论能给教师以正确的教育观，使教师掌握教育教学的基本规律、原则和方法，了解学生不同阶段身心发展规律，熟悉学生感知、记忆、注意和思维特点，指导教师科学地工作，提高教育教学效果。政治课教学的实效如何，与政治课教师是否掌握教育科学理论，是否在教育科学理论的指导下实践密切相关。思想政治课教师教育教学的显著特点就是以育人为主、直接育人，其从事的教育教学工作实质上是一门育人艺术。俗语说，教书容易教人难。要想提高育人实效，21世纪的政治课教师必须具备丰富的教育科学知识，掌握思想政治课教育教学艺术。

（三）具有广博的文化修养

随着社会生产力的不断发展，在21世纪这个以知识经济为主的时代，全球经济出现一体化趋势，要求教育要培养全能型的人才。而全能型人才的培养必须具有全能型的教师。因此，政治课教师必须具备广泛的兴趣爱好、深厚的文化修养，不仅要懂政治、懂经济、懂法律，而且要懂历史、懂文学、懂艺术。只有这样才能满足学生的求知欲和好奇心，才能获得学生的尊重和爱戴，取得良好的教育效果。一个知识面较窄的政治课教师，其教学往往也只能照本宣科，其教育往往只能是空洞说教，而结果也只能是误人子弟。

三、能力素质

完善的教育教学能力，是教师进行教育教学活动，培养学生创新精神和实践能力的重要保证。21世纪教育的重要任务是培养学生的创新精神和实践能力。政治课教师的教育教学工作是创造性的工作、实践性的工作。所以应当具备较强的能力，表现在以下六个方面。

（一）全面掌握并正确处理教材的能力

思想政治课教材是依据思想政治课的培养目标而编写的，这个培养目标是一个完整的体系，政治课教师必须明确认识这个体系，理解不同阶段的教材特点，做好各阶段的衔接工作，同时要把钻研教材和钻研学生紧密结合起来，灵活处理教育教学内容，使教育教学既有深度又有广度，深入浅出，生动活泼。

（二）良好的语言表达能力

政治课教育教学大多要靠语言来沟通，良好的语言表达能力是提高教育教学实效的可靠手段。政治课教师的语言要具有规范性、科学性、针对性、鼓励性、教育性、艺术性、哲理性和感召力。良好的语言表达能力的获得靠科学训练，因此政治课教师必须在科学理论的指导下，强化自己的语言表达能力。

（三）组织学生课外实践活动的能力

21世纪是一个开放的时代，适应开放时代的需要，就要改革长期以来单调的封闭式教育教学习惯，走教育和生产劳动相结合的道路，培养学生的社会实践能力是21世纪教育的客观要求。实践证明，思想政治课教育教学有针对性地广泛开展各种社会实践活动，有利于学生思想道德素质的提高。政治课教师必须具备有效组织学生课外实践活动的能力，如组织学生进行社会调查活动、献爱心活动、观看爱国主义影片活动、参观爱国主义教育基地活动等。实践活动是一种途径，教育才是目的，因此，为了保证教育效果，就必须强调教师的有效组织，通过活动促进学生知、情、意、行的统一。

（四）不断创造的能力

21世纪的政治课教师必须具有创造能力，只有创造型的教师才能培养出创造型的人才。政治课教师本身在教学中应具有创意，要在钻研课程标准的基础上提出新颖的、有见地的观点和教学方法，要善于发现和解决教材中的新问题，要敢于用新方法、新模式、新手段去教学。有创造地进行教育教学是21世纪对政治课教师的呼唤，也应当成为广大政治课教师的不懈追求，政治课教师必须不断强化提高自己的创造能力。

（五）自修能力

21世纪经济快速发展，知识更新的速度不断加快，一次性的学校教育已不能受用终身。因此，不断学习、终生学习成为21世纪人才必备的能力。政治课教师只有不断地自修学习，才能适应教育改革发展的需要。对那些与时代不相适应的教育思想、教学观念和方法进行改革应当成为教师的自觉行为，而教师的自觉行为在很大程度上要通过教师的自修学习、深入思考来实现。因此，独立学习、勤奋学习、加强自我思想改造是21世纪政治课教师的明智选择。

（六）教育科研能力

教育科研能力是衡量一个国家教育发展水平的重要标志。21世纪的教师应当是专家型的教师，而不应是单纯的教书匠，而教育科研实践是培养专家型教师最直接、最有效的途径。因此，政治课教师要成为教育教学的专家、学者，必须具备较强的教育科研能力，自觉地根据教育理论和实践中的问题确定课题、承担课题，完成教育科研任务，把科研、教研、教学统一起来，促进教育的发展。

四、心理素质

良好的心理素质是健康、完善人格的体现，知识经济时代的政治课教师应当具备良好的心理素质，表现为以下两个方面。

（一）具备坚强的意志

政治课教师应当具备坚强的意志，面对困难毫不退缩，坚定信念矢志不移，不畏权势，坚持真理，给学生树立一个果断坚定、沉着自制的良好形象。

（二）具有丰富的情感

教师的情感对学生有直接的感染作用，特别是对青少年学生，这种感染力不可忽视。一个优秀的政治课教师不但要有对教育工作健康的情感，而且还要善于表达内心的情感，始终保持愉快的心情，并以此来有效地感染学生。为了更好地感染学生，政治课教师要用一颗平常心去看待世界，面对纷繁复杂的21世纪、新环境，政治课教师要学会不断进行心理调整，同时积极培育自己广泛的兴趣和高尚的道德情操。

五、身体素质

教师的工作是以体力劳动的形式，蕴含脑力劳动的内容而显示出特殊的职业性质，因而，教师的劳动是智力和体力的双重支出。没有健康的身体，就难以胜任长期艰苦的教育工作。21世纪的政治课教师的责任重大，将教书和育人相结合提高受教育者的思想道德素质的许多任务要通过政治课教师的劳动来完成。因此，政治课教师在21世纪应当具备良好的身体素质，表现为以下四个方面。

（一）精力充沛

政治课教师的劳动不仅在8小时之内，在8小时之外仍有大量的工作要做，学生的思想教育也不是一两次谈话或沟通就能解决的，有时为了解决一个学生的认识问题，不得不花费大量的时间和精力，政治课教师只有精力充沛，才能适应学生发展的需要。

（二）耐受力强

政治课教师要想出成果，需要付出艰苦的、紧张的劳动。一名合格的政治课教师必须具备长时间活动并与疲劳作斗争的能力，以适应其长期艰苦劳动的需要。

（三）反应敏捷

政治课教师的劳动是富有创造性的劳动，必须具备敏捷的感知力、完善的思维方式和充沛的智能。只有在人体各部分机能健康、协调的发展中，人的神经系统才能反应敏捷，因此，反应敏捷是政治课教师身体素质的重要内容。

（四）耳聪目明，声音洪亮

政治课教师的劳动是一个传授知识、培养能力、提高觉悟相结合的劳动，必须具备耳聪目明、声音洪亮这个基本条件，这也是在身体素质方面对政治课教师最起码的要求。

总之，21世纪的教育向政治课教师提出了更高的要求。在21世纪里广大政治课教师应当加强学习，努力去优化自身的素质结构。

加强学科教学实施素质教育的研究

课堂是实施素质教育的主渠道，学科教学是实施素质教育的主要载体，因此，向学科教育要质量、要素质，成为当前中小学教育科研的重要课题。加强学科教学实施素质教育的研究势在必行。我们认为，当前应当做好以下三个方面的工作。

一、加强学科教学观念的研究，帮助学科教师树立正确的教学观

教学观念制约着教师的教学行为。我们认为，根据素质教育的要求，以及现代教学的需要，学科教学实施素质教育至少应当树立以下四个观念。

（一）树立全面的教学任务观

长期以来，人们普遍认为“学科教学就是教书”“学科教学就是智育”“学科教学就是让学生掌握课程标准和教科书规定的知识、技能技巧”等，实际上这是片面的看法。学科教学活动是教书育人的活动，必须树立全面的教学任务观，具体来讲就是：使学生掌握学科基础知识和基本技能的同时，发展学生的智力、体力和各种心理因素，培养学生良好的思想品德和各种能力。为此，我们提出了“三个渗透”的学科教学要求，即学科教学要渗透德育教育，促进学生良好品德的形成；学科教学要渗透心理健康教育，促进学生健全人格和良好个性的形成；学科教学要渗透人文教育，培养学生广博的文化修养和良好的人文精神。

（二）树立教为主导和学为主体相统一的教学关系观

在教与学的关系上，现代教学理论十分强调教与学的辩证统一，主张教学要做到教为主导和学为主体的统一。学科教学落实教为主导和学为主体的统一，就是要教师在学科教学中充分调动学生学习的积极性和主动性，让学生动

手动脑，从中学会学习、学会创造、学会做人。一句话，让学生在做中学、在学中做。

（三）树立正确的教学发展观

基础教育的基本功能是为学生的成长即发展，奠定扎实的基础。这个“基础”不仅具有现实性，而且具有前瞻性。因此，学科教学必须找准立足点和着眼点，既立足于现实，加强基础知识和基本技能的训练，又着眼于未来，突出创新精神和实践能力的培养，并把两者有机结合起来，促进学生的发展。只有这样，教师才能为学生发展而教，学生才能为创新成才而学。

（四）树立科学的教学质量管理观

传统观念认为学科教学质量就等于学生学科考试成绩。而素质教育的学科教学质量观是一个包括学生的学习质量、教师的工作质量和学校的教学管理质量的质量标准。学科考试成绩只是衡量学科教学质量的重要指标，而不是全部。提高学科教学质量不仅学科教师有责任，学生和学校也有责任。依法治教，明确各自职责，是基本要求；加强思想政治工作，建立良好的师生关系、师师关系，保证学生、教师和学校的通力合作，是根本保证；强化管理，建立“学校—教师—学生”文体型的、多向的、科学的评价体系，调动各方面的积极性，形成“竞争+合作”的激励机制，是必要的措施。近年来，我们在以上诸方面进行了大胆的探索，一个富有桂江中学特色的学科教学质量管理运作机制基本形成。

二、加强学科课堂教学常规研究，规范学科教师的课堂行为

学科教学实施素质教育，有没有一个一般性的、统一的课堂标准呢？答案是肯定的，因为任何学科教学都必须遵循一定的课堂教学标准。这个标准是什么呢？我们认为它至少包括十个方面的内容：准备充分的标准、礼貌上课的标准、目标明确的标准、内容正确的标准、教法实在的标准、生为主体的标准、师为主导的标准、练为主线的标准、调控严密的标准、说写考究的标准。如果把这十条标准交给各学科组，要求教师根据学科特点赋予十条标准不同的内涵，就可以形成学科课堂教学常规，然后再以科组为单位，组织教师按学科课堂教学常规要求上达标课，必然有利于学科素质教育的落实。实践中，我们就是这样做的，按老师们的话说，我校学科教学将素质教育做到了“有章可循”，落到了实处。

三、加强学科教改实验课题研究，引导广大教师走科研兴教路

21世纪呼唤新教育，新教育呼唤新教师。学科教学要培养学生的创新精神和实践能力，要求教师首先必须具备创新精神和实践能力，而参与学科教育科研活动是教师提高自身创新素质和实践能力的最有效途径，这是一项从根本上提高学科教学实施素质教育实效的建设性的工作。近年来，我们在各科推行目标教学法，在取得明显成绩的基础上，要求各科组根据学科实际，发现新课题、开辟新途径，遵循科学性、创造性和可行性的原则，确定集体科研课题，积极开展教改实验。2020年以来，经学校批准立项的学科集体教改实验课题有：政治科的“课堂参与能力培养实验研究”，语文科的“整本书阅读实验研究”，数学科的“高阶思维能力培养教学研究”，物理科的“目标分层教学实验研究”，化学科的“学生实验操作能力培养研究”，信息学科的“深度课堂推广研究”等。与此同时，学校还鼓励教师立足教学实际，自选课题，学校提供必要的资助。此外，学校一方面根据实施素质教育的新情况、新问题，组织全体教师参加具有普遍意义的大型教改实验课题研究活动，如组织的“中学生心理健康教育行动研究”课题，从学校管理、班主任工作、科任教师工作等不同层面提出研究要求，创建了“全员参与、分层实施、学用结合”的教育科研新模式，有力地促进了学科教学实施素质教育的研究。另一方面，根据各学科教改实验课题研究的需要，及时开办“教育科研骨干教师培训班”，定期对骨干教师进行培训。通过发挥骨干教师的作用，推动学科教改实验课题研究顺利进行。目前我校教师的科研积极性已被调动起来，一股以学科教改实验课题研究为依托的教育科研热潮正在形成。

正所谓“一分耕耘，一分收获”。我们重视学科教学实施素质教育的研究工作，取得了初步的成绩。2020年以来，教师撰写教育科研论文发表或获奖的，区级以上奖140篇、市级以上奖50篇、省级以上奖15篇；参加学科优质课活动获奖的，区级以上奖40人、市级以上奖28人、省级以上奖12人；参加对口支教上示范课200多节。学生参加学科竞赛活动，获区级以上奖300人、市级以上奖120人、省级以上奖50人。

加强学科教学实施素质教育的研究，不断探索创新，是教育改革发展的必然要求，学校有责任把这项工作抓紧抓好，让教育改革富有成效。

思想政治课课堂参与能力培养探索

一、思想政治课课堂参与能力培养的出发点

课堂参与能力是指学生参与课堂教学所表现出来的积极性、主动性和创造性。在思想政治课教学中，课堂参与能力有三个层次：一是敢于参与能力，表现为能克服胆怯心理，敢于提出和回答问题；二是善于参与能力，表现为能积极、主动地提出问题，回答问题，善于表现，善于思考；三是创造性参与能力，表现为提出的问题有创见，回答问题时观点新颖、思路正确。创造性参与能力是敢于参与和善于参与能力的升华，是创造性人才应当具备的能力层次。

思想政治课是以培养提高学生思想道德素质为己任的规格教育课。在思想政治课教学中培养学生的课堂参与能力，其出发点在于育人。具体讲就是通过调动每位学生的学习积极性、主动性，提供更多参与机会，强化参与实践来提升每位学生的能力层次，为国民素质的提高、创造性人才的培养奠定扎实的思想道德素质基础。

二、思想政治课课堂参与能力培养的必要性

（一）培养课堂参与能力是提高思想政治课堂教学实效的需要

课堂教学活动是师生双方的共同实践活动。学生能否参与，参与能力如何，直接制约着教学的实际效果。思想政治课作为体现我国社会主义性质的基础教育中的一门特色课，其传授知识、培养能力、提高觉悟三位一体育人功能目标的实现，有赖于全体学生的参与，其参与能力的提高是教学实效的可靠保证。当前，思想政治课教学中的主要问题是部分学生参与能力不足，不敢回答问题，不善于提出问题；部分教师搞“满堂灌”，不给学生参与机会；等等。

这些问题已成为制约思想政治课教学实效的瓶颈。研究解决这些问题，培养提高全体学生的课堂参与能力，刻不容缓。

（二）培养课堂参与能力是思想政治课教学实施素质教育的需要

从素质教育的角度看，培养学生的创新精神和实践能力是素质教育的核心，思想政治课教学实施素质教育必须突出创新精神和实践能力培养这个核心，而课堂参与能力培养就是突出这个核心的教学要求。课堂参与能力的提高过程，就是创新精神和实践能力的形成过程、素质教育的实施过程。从课堂教学的角度看，解放思想就是创新，理论联系实际就是实践，创新与实践的过程就是参与。可见课堂参与能力的培养关系到素质教育的实施、思想政治课教学的成败。

三、思想政治课堂参与能力培养实践要着力抓好两个方面

（一）明确奋进目标，强化自我意识

课堂参与能力培养主要在课堂教学中进行。因此，让学习主体明确奋进目标，强化自我意识是有效进行课堂参与能力培养的前提条件。思想政治课教师在实施课堂参与能力培养前，必须做好思想动员工作。一方面要向学生介绍课堂参与能力培养的有关知识，帮助学生客观分析、判断自己的参与能力水平，找出差距，明确努力方向。另一方面要不失时机地从经济和社会发展的高度阐述国家民族发展对人才培养的需求，激发学生的社会责任感，努力提高自身素质，变“要我参与”为“我要参与”。实践中，强化自我意识的形式是多种多样的，可以通过组织讲座、学生演讲赛、辩论会、小论文竞赛等多种形式进行。

（二）构建教学新模式，提供更多的参与机会

长期以来，思想政治课课堂教学受传统凯洛夫教学模式的影响较深，学生课堂参与机会较少，被动接受教育的现象较为突出。改革这种旧模式，构建有利于学生参与的新模式，是实施思想政治课堂参与能力培养的关键。教学研究实践中，我们以现代教学论为指导，根据素质教育的要求，构建了“参与学习”教学模式，供大家参考，具体操作程序如下。

1. 快速阅读，提出问题

要求学生用最快的速度阅读本节课的教学内容，思考概括出本节课要求识记、理解、运用哪些知识、培养哪些能力、进行哪些方面的思想教育。这一环

节主要是引导学生参与学习目标的确定，养成正确的思考习惯。

2. 教师出示问题，供学习讨论

要求教师在评价学生问题的基础上，以问题为中心设计出本节课具体的学习目标，让学生讨论。这一环节重在用目标去激励学生参与。

3. 分组讨论

要求学生围绕教师的问题，以四人组或六人组的形式进行讨论，然后小结。这一环节重在扩大参与面，让学生在合作中锻炼能力。

4. 小组代表发言

要求小组讨论、小结后，派代表发言。小组发言人的推选实行轮流制，让每个人都有机会代表小组发言。这一环节有利于参与能力不足的学生在小组的帮助下进步。

5. 同学竞争发言

小组代表发言结束后，留一定的时间让学生自由发言，发言人可以对他人的观点进行评价，也可以对自己的观点进行陈述。这一环节主要是让学生在竞争中锻炼能力。

6. 教师评价、总结

要求教师对小组讨论情况和学生竞争发言的参与能力进行评价、指导，对学习内容进行总结。这一环节，要求教师充分发挥评价的积极作用，肯定学生的成绩，指出其不足，激励其进步，达成三位一体的育人目标。

“参与学习”教学模式以教师为主导、学生为主体、参与为主线，其最大的优点是能为学生提供竞争与合作的课堂环境和实践机会，有利于参与能力的培养。

运用“参与学习”教学模式培养课堂参与能力，要注意坚持面向全体和因材施教相结合的原则。面向全体学生，提高全体学生的课堂参与能力是本模式构建的基本点，因此，教师在教学中要坚持面向全体的原则。但是，学生的课堂参与能力的发展具有不平衡性，所以，对参与能力层次不同的学生分类指导，因材施教非常必要。实践中，我们的做法是把班上学生的课堂参与能力分为敢于参与能力不足、善于参与能力不足和创造性参与能力不足三种类型。对敢于参与能力不足的同学，在教学中重点扶持，让他们同参与能力强的同学分为一组，接受小组帮助，克服胆怯心理，大胆参与；在课堂中给予他们更多的表现机会，让他们尝到成功的乐趣，同时给他们建立参与能力跟踪档案，关注他们的进步。对善于参与能力不足的同学积极鼓励，对其课堂表现及时评价、及时反馈，帮助他们弥补不足，激励他们向更高层次进取。对创造性参与能力不足的同学，不失时机地启发、点拨，指点他们多角度、多方面进行思考分析问题，培养他们思维的广阔性、独特性和创造性。

试论思想政治课教学最优化标准

一堂成功的课总是自觉或不自觉地与课堂教学最优化标准相符合的，因此我认为有必要对思想政治课课堂教学最优化标准的内涵进行探讨，用思想政治课课堂教学最优化标准规范我们的教学活动。

一、思想政治课课堂教学最优化标准的内涵

课堂教学最优化标准是苏联教育家巴班斯基提出来的，近年来，它已广泛地运用于指导各科课堂教学活动。那么，什么是课堂教学最优化标准呢？简单地讲，就是在规定的课堂时间内（我们这里指一节课）以最小的代价取得最大的教学效果的标准。什么是思想政治课课堂教学最优化标准呢？简单地讲，就是巴班斯基课堂教学最优化标准在思想政治课课堂教学中的具体体现。但巴班斯基课堂教学最优化标准是一种一般化的标准，由于学科不同，其具体的内涵也不同。对思想政治学科来说，我认为主要包括以下四个方面的内容。

第一，教学目标的最优化标准。主要是能把知识传授、能力培养、觉悟提高三重任务具体化，思想道德素质培养特色化。

第二，教学内容的最优化标准。主要是能对教材内容进行优化处理，准确把握教学重点。

第三，教学方法的最优化标准。主要是教师能充分发挥主导作用，能有效调动学生的主体作用，师生双边活动能默契配合，学法指导得力，教学手段运用自如。

第四，教学过程的最优化标准。主要是教学程序、环节能合理安排，教法能恰当组合，板书能精练设计，时间能最有效利用。

二、用最优化标准规范思想政治课课堂教学

思想政治课课堂教学最优化标准不是理想化标准，而是实效化、科学化标准。自觉地运用思想政治课堂教学最优化标准规范思想政治课课堂教学活动，是提高思想政治课课堂教学质量的有效途径，下面根据教学实际谈谈我的理解。

（一）关于教学目标最优化的规范问题

首先，必须把政治思想素质教育培养放在应有的高度，同时注意思想道德素质的综合培养。在教学目标的确定上，不能只注重传授知识而忽视培养能力和提高政治思想觉悟，也不能只注重提高政治思想觉悟而忽视知识传授和能力培养。应当充分考虑教材特点、学生实际、学科特色，把知识、能力、觉悟三者有机结合起来，把思想政治素质培养放在应有的高度，同时注意伦理道德、理想情操、法制观念、辩证思维等综合素质的培养，并力求做到具体化、细目化。

（二）关于教学内容最优化的规范问题

首先，教师必须根据学生实际，以及教学任务、教学目标、教学程序等因素，对教材内容进行优化处理，切忌照本宣科。其次，要集中力量突出最实质性的问题，把握好重点。一节课的重点往往就是知识、能力、觉悟的结合点，是我们力求解决的最实质性的问题，把握了这个重点就抓住了这节课教学内容的总的“纲”。现行教材一节课的内容往往是一“框”的内容，教学最实质性的问题也只有一个。最后，重点多了，也就等于无重点，问题讲多了，主要问题就难以突出。因此，在教学内容的处理上，切忌面面俱到。

（三）关于教学方法最优化的规范问题

要有效地选择教学方法，因材施教。教学方法的选择，主要从三个方面着手。第一，根据学生学习的可能性选择教法。教师教是为了学生学，因此，选择教学方法要考虑学生的年龄特征、认知特点、知识水平、个性差异等因素。对不同年级或同一年级不同班级或同一班级的不同学生，教学方法应有所不同。例如，对中学高年级的学生，由于他们的独立学习能力较强，可以多选用启发探究性的教学方法，如讨论法、演绎法、探索法等；对低年级的学生，由于他们的独立学习能力相对弱一些，可选用直观演示法、情境创设法配合讲授进行教学，特别要注意教学的直观性、可感性、语言的趣味性、方法的多变性。对同一班级中的好、中、差学生，可采用“分层教学、分类指导”的分类

编组办法对他们因材施教。第二，根据教材内容特点选择教学方法。由于年级培养目标的差异性，教材也各具特色。选择教学方法时，必须充分考虑教材特点，因“材”施教。第三，根据教师自身的可能性选择教学方法。教师自身的可能性是指教师的经验、理论、修养、品质、兴趣爱好等。由于教师自身的素养条件和驾驭教学能力的不同，决定了教学方法的功效不同。教学中常常出现某位教师运用某种教法很恰当，运用起来自如，效果很好，而对于另外的教师来说，运用起来很吃力，效果也很差的情况。这是教师个体差异、素养不同的缘故。因此，每位教师应充分考虑自身的优势和劣势，取己所长，避己之短，量力而行，灵活运用教法，使教法更具个性特色，切不可盲目模仿别人的教学方法，以致酿出“东施效颦”的现代笑话。如果你善于表达，富有感染力，就应该多以讲演法、谈话法为主进行教学；如果你不善言辞，就应该多以直观法、图示法、讨论法为主进行教学。总之，教学方法的选择和实施就是要“量体裁衣，看菜吃饭”。

（四）关于教学过程最优化的规范问题

首先，教学过程的设计要符合青少年学生的认知规律，即从简单到复杂、从具体到抽象、从现象到本质、从感性到理性的认识规律，同时要遵循循序渐进的教学原则，做到切实可行。其次，是最有效地利用时间，过去的课堂教学往往把课分成复习旧课、讲授新课、布置作业三个环节，其中复习旧课和讲授新课这两个环节是针对旧教材课与课之间衔接的紧密性而言的。如不顾新教材实际，死板地先把旧课复习一遍，然后强硬地转入新课，势必浪费了教授新课的宝贵时间，影响新课的教学效果。复习旧课的目的是上好新课，如复习的内容对新课教学无用或作用甚微，我们宁愿不去触及它，宁可把时间花在新课上。当然，我们不是反对复习旧课，只是强调要有效地利用时间，如果复习旧课有用，哪怕很久以前讲过的旧课都可以复习，只是力求用最少的时间去复习它。最后，要精心设计板书，力求最精练。板书设计也是教学过程的一个重要组成部分，板书不仅要力求突出重点，而且要考虑到最精练，这实际上也是集中力量突出教学重点有效利用时间的需要。如果一节课的板书太多、太细，甚至把教材上所有的重点都搬上去，会导致难以突出重点，浪费宝贵的时间；同时由于板书复杂，背对学生的时间太长会使师生之间的联系淡化，因此我们必须强调板书设计应最精练。

课堂教学新常规十条

中学思想政治课如何实施素质教育是摆在广大政治课教师面前的一项重要课题。我们根据教育改革的要求，针对课堂教学实际，在充分肯定和借鉴传统有益成分的基础上，提出新常规十条，旨在探索课堂教学的最优化。

第一条，准备充分。要写好教案，做到有目标、有重点、有教法、有学法、有联系实际的例子、有板书设计；要准备好教具，教具的制作使用是教师创造性劳动的体现，要多在“一本书、一支粉笔、一块黑板”之外动脑筋；要充满信心，信心是成功的前提，思想政治课教学需要的是十足的信心；要相信学生，相信每个学生都有成功的潜能，都能学好思想政治课。

第二条，礼貌上课。礼貌教学是师德的一个基本内容。思想政治课教学要做到用语文明，同时注意对学生进行文明用语的养成教育；着装文明，同时注意对学生进行文明着装的养成教育；教态亲切自然，尊重学生人格，不体罚或变相体罚学生。

第三条，目标明确。要明确思想政治课整体培养目标和各阶段培养目标；要找准知识、能力、觉悟的结合点，做到知识目标条目化、能力目标具体化、觉悟目标系列化。

第四条，内容正确。要领会编者意图，优化教学内容，做到突出重点，不面面俱到；阐明观点，不出现错误；把教材语言变为教学语言，不照本宣科；知行统一，不失学科特色。

第五条，教法实在。要根据不同课型（新授课、复习课、讲评课）的特点和不同年级、班级学生实际设计教法，做到切实可行；要注意非智力因素的激发、培养，创设乐学环境；要坚持启发式，反对注入式；要尽可能运用现代教育技术手段配合教学，把抽象的理论变为可视、可感、可评、可议的实际例子；要拓宽理论与实际相结合的道路，加强实践教学，切中热点，解开疑点，把思想政治素质的培养放在重要地位，同时注意其他素质的培养；要引入学习竞争机制，培养合作精神；要顺应时代潮流，大胆改革教学法。

第六条，生为主体。要面向全体学生，保证全员参与；要培养学生发现问题、回答问题、参与解决问题的习惯，不能一讲到底；要发扬课堂民主，不用教案框学生，使课堂生动活泼；要充分肯定学生的每一点进步，以育人为本、激励为原则。

第七条，师为主导。要加强引导、开导、督导工作，反对“满堂灌”和“满堂问”；反对“老师讲、学生听、老师写、学生记、上课记笔记、考试背笔记”的机械被动式教学；反对为应试而教，为应考而学，把一节课上得支离破碎；反对老师写答案，学生抄答案，大事小事包办代替。

第八条，练为主线。听、说、读、写、思、辩、观、做，皆是练。要在“思”字上下功夫，启发学生思考，训练学生思维；要在“辩”字上做文章，组织学生辨析、讨论，澄清认识，获得真理；要强化社会实践活动，深化学生认识，培养学生适应社会的能力；要做到对学生易明、易懂的问题少讲或不讲，书上很清楚的少写或不写，一些不假思索就可以回答的问题少问或不问，重复性的作业少做或不做。

第九条，调控严密。要善于设计问题获取反馈信息，并做到自然得体地运用反馈信息调节教学活动；要有张有弛合理分配时间，保证教学目标的顺利实现；要珍惜课堂每一分钟，提高实效；要严格遵守作息时间，上下课不提前、不推迟。

第十条，说写考究。要说规范语、写规范字，同时注意培养学生良好的说写习惯。口语表达要准确流利、态势语运用要恰当自然、板书要精练、书写要快速。

知识经济与素质教育

当今世界，发达国家技术进步和知识增长的速度越来越快，知识和信息对经济增长和社会发展的作用已经超过了资本和自然资源，知识经济时代已经到来。那么，什么是知识经济？它有什么特征？作为“科教兴国”重要组成部分的教育，特别是基础教育该如何去迎接这一时代的到来？这是广大教育工作者迫切需要回答的问题。

一、知识经济——一种正在形成中的崭新的经济形态

知识经济的出现，使知识、技术与经济的结合更加密切，从知识到技术再到经济的作用过程大大缩短，知识对经济的影响产生了质的飞跃，知识成为影响经济长期增长的首要因素。科学知识、科学技术、智力资源对经济发展的推动作用是以往任何时代都无法比拟的。人类社会由工业经济时代转入知识经济时代，比200年前由农业经济时代转入工业经济时代的意义更重大、更深远。

（一）知识经济是可持续发展的经济

传统工业经济大多建筑在自然资源取之不尽、环境容量用之不竭的基础上，甚至以向自然掠夺为目的，因此其指导思想都是单一的、尽可能多地利用自然资源，以获取最大利润，很少考虑甚至不考虑环境和生态效益，因而造成了技术与科学相分离的悲剧。而知识经济面对多种自然资源几近耗竭、环境危机日益加剧的现状，把科学、合理、综合、高效地利用现有资源，利用高科技开发尚未利用的自然资源来取代几近耗竭的自然资源，最大限度地减少资源耗费作为指导思想，实现了技术与科学的有机结合，是一种可持续发展的经济。信息科学技术软件、生命科学技术基因工程等成为这一经济形成的

重要标志。

（二）知识经济是以无形资产投入为主的经济

传统工业经济需要大量资金、设备，有形资产起决定作用，而知识经济则依赖于知识、智力，无形资产投入起决定性作用。目前西方一些发达国家，许多高技术企业的无形资产已超过总资产的60%，美国微软公司的无形资产占绝对主导地位就是一个典型例证。许多社会人士认为企业的无形资产比重增大，必然会引起社会价值观的变化，因此拥有更多知识的人获得高报酬的工作机会增多，知识强国的产出增加。

（三）知识经济是世界经济一体化条件下的经济

如果说传统工业经济的发展在很大程度上依赖于国际合作，那么知识经济则更显然地依靠世界经济的一体化。因为高科技时代，任何一个国家都不可能在无形资产投入和高技术竞争中全面领先，只能在充分利用自己的智力资源，“有所为，有所不为”的前提下，在世界市场中占有一席之地，成为世界经济一体化不可或缺的部分。

（四）知识经济是以知识决策为导向的经济

以知识为基础的经济，必然要求决策的知识化。因此，科学的决策、宏观的导向成为知识经济的重要特征。自1992年以来，美国政府接连提出“全国信息基础设施”（信息高速公路）等一系列高技术经济导向，实践证明这些政策对美国经济的持续增长起了巨大的作用。事实上，随着世界经济一体化趋势加快，企业决策和国家宏观调控相结合是经济发展的客观需要。

二、提高人的素质——经济社会可持续发展的永恒主题

高科技需要高质量的劳动力，新技术需要新型劳动者，因此，提高人的全面素质，包括思想道德素质、科学文化素质、身体心理素质、劳动技能素质是知识经济时代的客观要求。在“科学技术是第一生产力”的今天，人的素质已成为现代生产力因素的核心部分，自然资源的低耗费、经济发展的可持续化、资产投入的无形化，都对人的素质提出了更高的要求。在现代生产力三要素中，人是最活跃的因素，作为现代生产的人，首先必须是现代的人，理应具备现代人的基本素质，包括开拓进取精神、健康的身体心理、科学的头脑和良好的现代劳动技能等。其次必须是现代生产的人，不仅要掌握现代生产的基本

经验和基本技能，还应当掌握现代生产技术和工艺规程，以及现代科学技术知识，同时还应具备创新能力和协作能力等。我们必须看到，随着现代生产劳动力过程社会化协作范围的扩大，工人的外延也在扩大，它还包含了工程技术人员、设计人员、科研人员以及管理人员等，因此适应现代生产劳动力市场要求，培养和提高人的素质是经济社会可持续发展的永恒主题。经济社会的可持续发展，必须开发人的潜力、提高人的素质、培养可持续发展的人。我国是一个发展中国家，人口资源丰厚，但人力资源相对贫乏，一个重要原因就是人的素质不高，教育发展相对滞后，因此有必要把教育摆在优先发展位置，努力提高现代中国人的素质，变数量优势为质量优势，变人口资源为人力资源。具体地讲就是要办好每类教育、每所学校，培养好每个人，提高每个受教育者的全面素质。

三、实施素质教育迎接知识经济挑战的重要举措

知识经济时代的到来给人类社会带来了良好机遇的同时，也向世界各国提出了严峻的挑战。“科教兴国战略”“可持续发展战略”等成为世界各国迎接挑战的共识，作为这一重大战略体系的子系统之一的教育，特别是具有广泛意义的基础教育，成为人们关注的焦点。在我国，随着经济体制和经济增长方式两个根本性转变的确立，基础教育由“应试教育”向“素质教育”转变已成为迫切需要。

“应试教育”以升学为目的，只顾少数，不管多数，抹杀了教育的经济、社会功能，脱离了国家经济、社会发展实际，不利于人才培养，不利于民族整体素质的提高，不能适应知识经济的需要，就必须摈弃。基础教育自身要健康发展，要为经济社会发展服务，要面向世界，迎接知识经济挑战，就必须担负起变沉重的人口负担为人力优势的历史重任，走素质教育的发展道路。素质教育的实施具有重大的战略意义，是关乎如何把一个充满希望的中国推向21世纪的战略决策，是迎接知识经济挑战的重要举措。事实上，随着知识经济时代的到来，教育作为知识创造和传播的一个主要领域，无论是其中的基础教育，还是其他教育，其本身成为一门新兴产业的条件正在日益成熟，其自身的地位也显得愈加重要。实施素质教育，从基础教育抓起，端正办学方向，改革招生体制和考试方法，调整课程结构，面向国内国际市场，走特色办学道路等，无疑更有利于提高我国教育的地位，促进我国教育的产业化进程，实现提高国民素质、

培养更多更好优秀人才、推进社会主义现代化建设的目标。

四、转变观念，提高认识，是我们成就任何一项开拓性事业的前提

随着知识经济时代的到来，观念和认识作为知识的重要组成部分，越来越引起人们的广泛重视。当前，实施素质教育已成为国家意志、政府行为，但是，不能否定，在推进实施素质教育的过程中仍然困难重重。其中一个重要的原因就是人们的认识不到位，观念陈旧，部分同志用老眼光看新问题，对新生事物抱着观望、等待的态度，缺乏信心。因此有必要加强学习，开动脑筋，提高觉悟，统一认识，激起勇气。必须认识到：

第一，观念也是一种资本，思路可以创造财富，实施素质教育已经不是要不要、行不行的问题了，而是必须这样做，是知识经济的客观要求，是依法治教的重要内容。

第二，机遇与挑战并存、困难与希望同在，实施素质教育已经不是条件成不成熟的问题了，而是必须创造条件积极推行，创造条件同积极推行是同一过程，等待和观望只能错失良机。

第三，我国仍处于社会主义初级阶段，这个基本国情决定了素质教育的全面实施是一个很长的历史过程，过去的探索仅仅是万里长征刚刚起步，不能满足于现有成绩，务须不断努力奋斗。

第四，素质教育本身也是教育改革发展的产物和教育科研的结果，因此不断改革是素质教育的生命，科研兴教是保证素质教育健康发展的唯一正确道路，要重视教育改革、要重视教育科研。

第五，振兴民族的希望在教育，振兴教育的希望在教师，因此加强教师培训，建立继续教育体系，提高教师素质，是实施素质教育的一项基础工程。

第六，课堂是实施素质教育的主渠道，因此优化课堂教学结构，改革教学方法，加强实践教学和运用现代教育技术手段进行教学，是当前每所学校、每个教师的重要任务。

充分发挥教科书使用功能策略

中学思想政治课教师要充分发挥教科书的使用功能，必须研究掌握好使用策略。

一、用好《教师教学用书》

《教师教学用书》和教科书相配套，不仅阐述了教科书的编写意图，分析了教科书的结构体系，提出了教学建议和教学中应注意的问题，还提供了必要的参考资料。教师只有认真钻研《教师教学用书》，才能较为准确地理解和把握教材，真正明白什么样的思路才是不违背编者意图的思路，什么样的目的才是不背离大纲要求的目的，什么样的深浅详略“尺度”才是不违反教学规律的“尺度”等重要问题。根据教学用书，吃透教材，因“材”施教，这是充分发挥教科书使用功能的前提条件。

二、坚持理论联系实际的原则

理论联系实际是马克思主义的一个重要原则，是思想政治课的生命。能否坚持理论联系实际的原则是判断思想政治课教学成败的重要依据，使用教科书，更要注意贯彻这一原则。做到联系国内外重大事件，阐释好“热点”；联系学生思想认识实际，剖析好“疑点”。通过对“热点”和“疑点”的分析，培养学生学习的兴趣，充分挖掘教材的育人因素，更好地发挥思想政治课教学的德育功能。理论联系实际的过程实际上就是培养学生分析问题、解决问题能力的过程，也是引导学生确立正确的政治方向，树立正确的世界观、人生观和价值观，形成良好的道德品质的过程。因此，它是充分发挥教科书使用功能必须坚持的一个重要原则。

三、克服应试教育弊端，精心选择教学法

教学法包括教师的教法和学生的学法，是教法与学法的辩证统一。再好的教材，再重要的内容，如果没有好的教法来驾驭，没有好的学法来配合，教学终究难以取得实效。因此，使用这套教科书必须精心选用相应的教学法。如果仍以片面追求升学率为目的来选择教学法，必然背离教科书的编写意图、抹杀学生个性发展、阻碍学生良好素质的形成，使教科书特定的使用功能丧失殆尽。鉴于教科书是在课程标准下，在以往教材，包括各套改革实验教材的基础上编写出来的，它的直接指向是培养学生的思想道德素质和法治素养，因此，使用教科书必须转变教育观念，克服应试教育弊端，以培养学生良好素质为宗旨，在教学过程中坚持以充分调动学生的积极性、主动性，使学生学会学习，独立思考，自觉形成自我激励和约束机制为标准，以因材施教为原则，精心选择既符合学生实际又符合教材特点，既便于教师教又利于学生学的教学法，充分发挥教科书“便教利学”的使用功能，优化教学结构，提高教学实效。

四、提倡教学形式的多样化

多样化的教学是教育发展的需要，是素质教育的基本要求。教科书生动活泼的编排形式为多种形式教学提供了便利，特别是“读一读”“议一议”等小栏目，更具有明显的导教、导学作用。因此，使用教科书要注重灵活性和多样性，教学中应该放开手脚，有利于完成教学任务的时事报告、撰写小论文、专题讨论等形式要大胆地运用，有利于达到教学目的的班团活动、社会调查、参观访问、观看爱国主义影视片等德育形式都应该采用。可用信息技术手段为学生创造一个良好的学习环境，使思想政治课教学更多彩、更生动。

五、积极推行学科教学模式

学科教学模式是在一定的教育思想指导下制定的学科教学基本策略及其实施步骤的模式。根据教材特点和本地区学校教学实际，推行具有特色的学科教学模式，是充分发挥教材使用功能，大面积提高教学实效的重要途径。

（一）目标教学模式

该模式以美国心理学家布鲁姆“为掌握而学习”“为发展而学习”的理论

为基础，强调以目标为导向，导教、导学。其实施步骤和具体内涵如下。①前提诊测。教师对学生的认知水平、情感状态、思想道德状况作出全面估计，为准备学习打下基础。②展示目标。教师引入课题，把握时机揭示知识、能力、觉悟这一总目标和各个学习重点（具体分目标）。③实施目标。教师引导学生学文、明理、感知、论证，分步达成目标。④检测目标。联系实际，让学生进行辨析思考，再根据反馈信息及时给予矫正，从而强化各个分目标。⑤达成目标。教师进行总结引导，课外延伸，强化情感。由于新教材每课的内容目标比较清楚，课后又附有多层次的目标检测题，因而它适用于各年级的教学内容。

（二）“练评讲”教学模式

这种模式以“主体—主导”论为指导，把学生作为教学活动的主体，教师引导学生课前自己读书、练习，课中积极参加以小组为单位的讨论和互相评价。最后是教师根据班级学生的自学、互评情况进行针对性的讲解，力争精准教学，有的放矢，直接击中教学难点和重点，助力学生提高辩证思维能力和思想政治觉悟。

把握目标教学模式的素质教育导向，推动实施素质教育

目标教学模式作为目标理论的课堂实践模式，之所以深受广大师生的关注和青睐，显然是因为它适应了教育教学改革发展的需要，具有明确的素质教育导向。研究、深化这种导向，充分发挥这种导向的功能，推动实施素质教育是我们的共同追求。

一、几个环节中的素质教育导向浅析

从目标的确立到目标的达成，目标教学模式的几个环节都有明确的素质教育导向，突出表现为以下四点。

（一）确立目标——立足主体，面向全体目标

目标教学模式是以布鲁姆“为掌握而学习”的理论为基础而设计的，其“以教师为主导、学生为主体”的思想是显而易见的。在确立目标这一环节中，要求教师依据学生的认知基本规律和学科教学的基本要求，对学生进行前提性的诊断，掌握学生的知识水平、能力状况、情感状况、个性需求。在保证95%以上的学生通过努力能达成目标的基点上，确立具体的、可行的、具有层次性的教学目标。这是一种既立足于主体又面向全体的要求，它既可以克服以往教学中的盲目性和随意性，又能很好地贯彻教育的主体性原则和平等性原则，因而具有积极的素质教育实践意义。

（二）实施目标——循序渐进，因材施教

围绕目标导教导学、导讲导练是目标理论的一个基本准则。在实施目标的过程中，教师必须紧紧围绕既定的目标，一步一个脚印，层层递进地引导学

生。根据学生达标需要，选择行之有效的方法和手段，或启发，或释疑，或点拨，或组织自学讨论，或分组教学，或分类指导，或个别指点，使学生在乐学的环境中把握重点，突破难点，层层达标。学生必须根据自身的达标需求，在教师指导下，随时调整思维，进行有针对性的选择训练，逐步趋向目标。

“实施目标”作为一个关键环节，集中体现了素质教育以学法指导为核心，以学会学习、主动学习、掌握学习为目的的教法导向。可以说，否定“选择符合教育的学生”，肯定“选择符合学生的教育”是这一导向的精神实质。准确理解这一精神实质，有利于改革教学方法，转变教育观念，树立正确的教学观。

（三）检测目标——及时调控，科学评估

检测作为一种达标手段，在教育教学中占有重要的位置。在目标教学模式中，目标的实施和达成都离不开检测，检测已成为一种激励机制和必不可少的调控行为。

通过检测，或提问，或操作，或思考，或练习，及时反馈矫正，使教与学协调发展，保证目标的顺利达成。检测的结果就是反馈的信息，通过这个信息，教师可以获取因材施教的依据，随时调整教的活动；学生可以看出自己的优势和不足，及时调整自己学的行为，围绕目标，自我激励、自我约束、增强信心、磨炼意志，使个性得以发展。

通过检测，或定性，或定量，或主观，或客观，使讲与练形成合力，从而减少“主体”与“主导”者的失误积累，防止后进生出现。目标理论认为，教与学的失误积累是后进生出现的根本原因，“检测—反馈—矫正”是防止后进生出现的有效途径。

检测目标的过程，说到底就是教与学围绕目标“反馈—矫正—再反馈—再矫正”的良性发展的过程，是向教育教学过程要质量的过程。以往教学片面强调分数，只看结果，不看过程，其实真正良好的教育，存在于教育教学的过程之中。“检测目标”这一环节所体现出的这一思想特征，为我们构建素质教育的课堂评价体系提供了依据。

（四）达成目标——保证质量，减轻负担

“节节达标堂堂清”是目标教学的基本要求。强调和重视这一要求是目标理论的显著特色之一。当堂达标，不将课堂教学无限延长，保证了单位时间内的教学质量；当堂达标，不布置一大堆课外作业，减轻了学生过重的课业负担，这对学生的身心健康发展无疑是大有益处的。可见，目标教学模式所呈现出的是一个事半功倍的教学质量观和有效高效的教学效益观，充分重视和深化这一内涵，有利于学生德智体美劳的协调发展，从而实现素质教育的培养目标。

二、充分发挥导向功能的思考

素质教育是全新观念的教育，目标教学模式无疑已成为素质教育课堂教学的有效实践模式。在推行该模式，进行素质教育实践的过程中，为了更好地发挥目标教学模式每个环节中的素质教育导向功能，推动实施素质教育，必须把目标教学理论和素质教育理论联系起来，科学地指导实际，提高实效。

（一）要树立立足主体，面向全体的观念

素质教育的观点已为广大教育工作者所接受，但接受观点不等于转变观念。素质教育说到底是提高国民素质的教育。基础教育，特别是义务教育是为提高国民素质打基础的教育，在把沉重的人口负担转化为人才优势的教育体系中有重要的地位。因此，必须立足学生，面向每个学生，面向学生的每个方面，使他们在平等的基础上学会学习、学会生活，全面发展。在推行目标教学模式的过程中，要进一步把教与学统一起来、把关心少数和照顾多数统一起来、把整体全面培养目标和个体发展目标统一起来，强化目标意识，以目标为导向把素质教育落实到每堂课的每个环节、每个学生的每个方面中去。

（二）要坚持弘扬启发式，反对注入式

启发式教学是素质教育学科教法总的指导思想，是素质教育对传统教育教学理论精髓的继承、丰富和发展，是我们在教育教学实际中必须遵循的教法总则。在教学实际中，坚持启发式，反对注入式，必须正确理解“启发式”的真实内涵，切不可简单和片面。有的同志以为教学中只要多提几个“为什么”，多问几个“怎么样”等，就意味着已经实施了“启发式”教学，把“启发式”和“多提问”画上等号是错误的，其实“启发提问”只是“启发式”中的一种形式。有的同志以为“启发式”就是“精讲多练”，不能多讲，只能少讲或不讲，其实启发式并不排斥教师的系统讲授，讲多讲少并不是“启发式”和“注入式”的分水岭。要知道，“启发式”的提出已经有上千年的历史了，

从孔子的名言到朱熹的诠释，从传统教学到现代教学，“启发式”的内容已经得到了极大的丰富和发展。在今天看来，凡是能激发学生兴趣，调动学生主动参与教学活动，有利于学生开动脑筋、独立思考、提高分析解决问题能力，学会发展、主动发展、健康发展的方式方法，都是启发式教学方法。只有正确地把握启发式的这一真实内涵，我们的素质教育实践才能成为有效、高效的实践。

（三）要坚持多样化教学，反对机械单一程式

多样化教学是素质教育实现多层次、多规格人才培养目标的需要，是人才全面发展的客观要求。实施目标教学模式与多样化教学并不矛盾，首先，目标教学模式并不排斥其他教学模式，素质教育的课堂教学评价观是开放的评价观，应该大力提倡多种模式的选择运用。目标教学模式只是可供选择的有效教学模式之一，但绝不是唯一模式。其次，目标教学模式本身也要求多样化教学。素质教育的课堂教学评价观是辩证的评价观，一个模式可以同其他模式相结合或交叉运用，同一个模式中，教学方法、教学手段、检测行为等也应该是多变的，同一个模式也可以出现多种变式。最后，也需要丰富发展目标教学模式。素质教育的课堂教学评价观同时也是动态发展的评价观，再优秀的模式、再好的方法，由于时空的变化、学科的差异、教育对象的不同，其适应性总是有限的，只有在实践中不断丰富发展，才能适应教育发展的需要，目标教学模式也不例外。我们今天探讨的导向问题其真实意义正在于此。

（四）要坚持合理适度

学生的课业负担问题一直困扰着我们，教育转轨不可避免地必须面对这一问题。在素质教育实践中，必须准确把握课业量度，我们主张合理适度的课业量度，反对不合理、不适度的负担，特别是过重的负担。所谓合理适度指的是符合教育规律，既能保证质量，又有利于学生身心健康发展、全面发展的课程课时和作业量标准。当前必须着力减轻学生过重的课业负担，使学生德智体美劳都得到发展。首先，要增强法规意识，严格执行课程标准。学校必须严格按照规定，开齐课程、开足课时，不经教育行政部门的批准不得随意增减、变更课程课时量。其次，要优化课堂结构，提高教学效率。不合理的负担也表现在不合理的课堂结构上，目标确定不当，环节安排不合理，教法施用不佳，课堂气氛沉闷，主体与主导之间的不协调，也会给学生造成心理负担。在我们的教学实际中，老师讲、学生听、老师写、学生记的现象屡见不鲜；重复教学、重复作业，只重知识、不重能力，只讲数量、不求质量，面面俱到、毫无重点，只讲全面性、不讲针对性的做法也比比皆是，种种弊端已经到了非解决不可的地步。素质教育前提下的目标教学模式，无疑为我们医治课堂教学的诸多弊病提供了一剂“可口良药”，围绕目标导教、导学、导讲、导练，不仅可以提高教学质量，而且可以减轻学生负担。

（五）要努力提高教师的理论修养

教师的理论修养是教师素质的重要组成部分。一种新理论的运用、一种新模式的推行，无不需要教师提高理论修养与之相适应。目标教学中的素质教育导向功能的充分发挥，要求教师不仅要有目标理论知识，还必须有素质教育的理论知识；不仅要有消化吸收新理论的能力，还必须有创新发展的能力。因此，教师只有加强学习，提高理论水平，才能适应教育转轨的需要。学校和教育行政部门只有把教师的理论学习作为“继续教育”的一项重要内容抓紧、抓好，教育改革发展的春天才能出现。素质教育的实施毫无疑问地必须成为一项全社会齐心合力、整体推进的大行动，在这一大行动中，教师永远是一支主力军，其理论修养的不断提高也将成为一个永恒的主题。

素质教育的实施及辩证思考

一、加快教育改革步伐，推进实施素质教育

改革是教育发展的根本出路，但教育改革自身要受到政治、经济、社会和文化环境的影响，因而改革在具有迫切性的同时也包含了艰巨性。当前推进实施素质教育必须做好很多方面的工作。

（一）要继续转变教育观念和教育思想

实施素质教育是当前教育改革的主题，这是一个理论问题，更是一个实践问题。全面实施素质教育最重要的还是转变教育观念和教育思想，加大学习和宣传力度，形成气氛，这是我们推动实施素质教育的前提条件。

1. 要使素质教育要义深入人心

素质教育的第一要义是面向全体学生。搞素质教育首先要有一个普及意识，在义务教育阶段必须淡化选拔意识。

素质教育的第二要义是要学生德、智、体、美、劳全面发展。如果目前的德、体、美、劳相对薄弱的情况得不到改善，那就不能认为是实施了完整的素质教育。

素质教育的第三要义是让学生主动发展。只有让学生主动发展，将来的人才规格才会有多样性。

2. 要坚持以习近平新时代中国特色社会主义思想为指导，结合实际在认识上实现三个统一

一是要把培养优秀人才和提高劳动者素质的任务统一起来。我国社会主义现代化建设，既依赖于科技的进步，又依赖于劳动者素质的提高，因此，多出人才、出好人才与提高劳动者素质的任务不是对立的，而是统一的，统一于提

高民族素质这一伟大的任务之中。

二是要把群体培养目标和个体发展目标统一起来。要认真分析作为每个公民必须具备的基础素质结构，这应当是基础教育的群体培养目标。与此同时，群体目标最终要落实到不同的学生身上，因此，在落实过程中要从每个学生的实际出发，使他们都能在达到基础素质要求的同时，发展符合个人特点的素质，以增强个人在未来社会生活中的特殊适应能力。坚持共性和个性的统一，因材施教，是实现素质教育的重要条件。

三是要把重视教育结果和重视教育过程统一起来。真正良好的教育效果，存在于正确教育思想指导下的教育过程之中，因此，我们绝不能凭考试成绩好，就一好代百好，应当百倍地关心的是比考试成绩更为重要的教育思想指导下的教育过程。

3. 要树立三个观点

一是正确的人才观。人才观问题，即培养人才的目标问题。教育是一项长期的事业，具有周期长的特点，其社会效益需要经过很长时间才能表现出来，因此教育不仅为当代社会培养人才，更主要的是为未来社会培养人才。我们在确定人才的培养目标时就应该根据未来社会的需要来培养人才，这才是正确的人才观念。

二是正确的教育质量观。对一个学校教育教学质量的标准，不能单从升学率来衡量，而应从学生走出社会后显现出来的适应社会的素质能力方面来衡量，因此，素质教育的成功应当作为衡量教育教学质量标准的主要内容。

三是正确的大教育观。端正教育思想，转变教育观念，不单纯是学校教育的事，还需要全社会的支持和配合，学校、家庭和社会都要齐心协力，齐抓共管，共同提高学生在社会发展中所需要的素质和能力。

（二）要进一步深化教育教学改革

第一，必须在政府和教育行政部门的统一领导下进行整体规划。要建立科学、规范的管理体系，使学校成为办学实体；要建立科学的评价制度，科学地评价学校的办学效益和办学质量。当前最重要的是必须加快研究并建立起一种对学生德、智、体、美、劳等方面和对学校办学方向、教育质量、管理水平等方面进行全面考核的科学评估制度和标准，形成推进素质教育的激励机制。

第二，要改革升学考试制度。在实施九年义务教育的过程中，小学升入初中要就近入学，使九年成为一个完整的学段。

第三，要改革教材和教学内容。要删减陈旧、烦琐的教学内容，吸收现代科技成果，开阔学生的视野。在基础教育阶段教学重点内容是教会学生最基本、最核心的知识的同时，教会学生获取新知识的方法和技能，使学生能运用所学的知识和方法不断获取新知识、解决新问题，从而适应社会发展的需要。

第四，要改革教学方法和教学手段。教法改革的关键是要调动学生学习的积极性，激发学生的学习兴趣，使学生养成勤于学习、善于思考的习惯。教师要根据学生的具体情况因材施教，但不能在同一年级以成绩为标准划分快慢班，要学会有效地利用现代教学技术和手段，适当降低教学难度，提高教学效果。

第五，要逐步改革学校现行的建制。初中是义务教育的一部分，宜逐步与小学衔接，在大中城市可积极试行九年一贯制，既可在同一所学校实行九年一贯制，也可以在异校之间将较近的小学和初中挂钩实行九年一贯制。

二、推进实施素质教育的辩证思考

（一）“全面发展”，但不能“平均发展”

素质教育的精髓就是要我们构建出素质教育体系，让全体学生在主动学习中得到生动活泼的、较为全面的发展。“面向全体”就是要使我们的教育对象在人人“合格”的基础上个性特长得到发展，但不是平均发展；“全面发展”就是在发展目标上追求德、智、体、美、劳和谐发展；“生动活泼”就是要在教学手段、方法上为学习主体创造一个令人愉悦的乐学环境，但不排除勤学、苦学的意志品质的培养。只有这样，中小学教育才能行驶在素质教育的正常轨道上，避免从一个极端走向另一个极端。

（二）传统考试要扬弃，但不能废弃

考试就其本质而言，是人类社会测度、甄别人的素质的活动，有其特殊的评价功能，在促进基础教学发展、调节人才培养规格方面有一定的积极作用。素质教育质量同样要借助考试这种手段来检测，我们对传统考试的态度只能是扬弃而不是废弃。

扬弃传统考试制度：一要改革考试制度，最大限度地克服考试分数功能的绝对化，强化学校考试的诊断功能，淡化不必要的选拔功能，充分利用考试的

反馈信息调节教学行为，促进每个学生“合格”和特长发展，为教学服务；二要改革考试方法，开卷与闭卷相结合，笔试、口试与面试相结合，实验操作与作业答辩相结合，显性考试与隐性考试相结合，克服考试结果的失真现象和误导的死记硬背的弊端；三是要改变考试内容，当前要以考查学生灵活掌握和运用知识分析问题和解决问题的能力为导向，对德、智、体、美、劳等方面的素质进行全面考查，以促进学生全面发展。

（三）学生学习负担要减轻，但学生不能没有一定量的学习任务

我们不能笼统地喊“全面减负”，而要正确处理减轻过重的课业负担与必要的学习任务的关系，既要站在促使应试教育向素质教育“转轨”的战略高度，坚定不移地减轻学生过重的课业负担，坚决反对以损害学生身心健康为代价获取所谓的高质量教学，又要站在对学生发展全面而负责的高度，理直气壮地强化教育质量管理，防止以“减负”为借口，降低工作质量，反对以牺牲质量为代价减去一定年龄阶段学生身心发展水平所能正常承受的课业。总之，“减负”不是目的，“发展才是硬道理”，减负是为了更好地发展。所以，我们要善于把握好“减负”的“度”和“法”：一是适当地做“减法”，即减去过多的学生负担量；二是适当地做“加法”，即通过学习训练增强学生的心理承受能力和学习能力，不断提高“效益型”质量，即合理负担下的高质量。

素质教育的推进既是认识问题也是实践问题，积极投身素质教育实践是每个教育工作者义不容辞的责任。

第三篇

实践感悟

如何提高校长和老师的领导力

——在佛山市与黔东南州名校长工作室论坛系列活动中的发言

一、怎样提高工作室成员校长的领导力

（一）什么是校长领导力

我认为校长领导力是校长在管理实践中坚持正确的办学方向，采取一系列有效措施引领学校发展所表现出来的令人信服、受人追随的一种综合能力。这种能力集思考力、行动力、监控力和表达力于一体，通常以教学模式、教育方式、管理方式、办学价值选择等“标识性”的方式呈现。

（二）校长领导力的呈现

校长领导力的呈现方式应该是多样，选择什么方式呈现取决于校长的认知和实践。

我的校长领导力的呈现是一个认识与实践相结合的历程。很长一段时间我觉得校长领导力应该是某种教学模式或教育模式的建构或推行能力，所以我用十多年时间建构“练评讲”教学模式，在此基础上不断拓展，最终完成了“练评讲”教育模式的构建。后来随着对管理实践的不断反思，意识到校长领导力还可以表现为某种管理方式或管理思想，于是对自己的管理方式进行再思考，建构了“目标管人—流程管事—监控送温暖—评价铸辉煌”的管理模型，简称“目标评价”管理模型。再后来随着思考的不断深入，我意识到校长领导力还可以表现为某种价值引领能力，因为校长要把学校带到哪里去，离不开价值判断和选择。目标能管人，依靠的就是价值引领。2020年9月我到

桂江二中任校长，在寻找学校成员的价值共识的过程中，发现“奋斗者”形象最容易被师生员工接纳，于是提出了“以奋斗者为美”创建价值引领型美好学校的办学主张，实践中从评价改革入手，着力建构“尚美教育”目标评价管理机制。几年的实践证明，价值引领同样可以成为校长领导力的有效表达方式。

（三）怎样提高成员校长的领导力

提高成员校长领导力是名校长工作室的主要任务。具体来说，可从以下四个方面下功夫。

首先，引导校长学习党和国家关于教育发展的有关政策文件，把握我国教育事业发展的动态和走向，提高思考问题的深度和广度。例如，通过学习中共中央、国务院2019年印发的《中国教育现代化2035》文件，很容易就明白，教育现代化是普及、质量、公平、结构等方面整体水平提升的现代化，“普及”是新时代各级各类教育发展的总体趋势。理解了这一点，校长就不会故步自封，就不会只看见自己学校的进步，而看不见教育整体的发展。

其次，鞭策校长在办学实践中全面贯彻党的教育方针，落实立德树人根本任务，提高依法办学的行动能力。2021年4月29日，十三届全国人民代表大会常务委员会第二十八次会议通过关于修改《中华人民共和国教育法》的决定，将其第五条关于“党的教育方针”进行修改。新修订的党的教育方针意义重大，学校如何培养社会主义建设者和接班人，他们应该具备什么样的基本素养和精神状态，需要校长在办学实践中做出回答，也是校长行动能力的直接体现。

再次，鼓励校长不断地优化学校育人系统，提高学校沿着正确的方向发展的自我监控能力。当前，学校的高质量发展是一个迫切需要解决的系统问题，需要校长对学校育人的理念系统、流程系统、监测系统、评价系统进行闭环管理，形成一种有效监督和不断完善的运行机制，确保学校育人运行在高质量发展的正确轨道上。

最后，指导校长改革学校评价机制，促进学生全面而有个性地发展，让办学成果表达更加有效果和有力量。评价是撬动学校改革发展的杠杆，改革学校评价事关育人目标是否达成。2020年中共中央、国务院印发的《深化新时代教育评价改革总体方案》为学校评价改革指明了方向，校长要转变评价观念，积极探索学生各年级学习情况全过程纵向评价和德、智、体、美、劳全要素横向评价改革的有效机制，聚焦育人质量，促进全面发展、个性发展和主体发展，展示新时代学校为党育人、为国育才的责任担当。

二、怎样提高中层干部领导力

领导力作为一种能力结构，从学校培养角度来看，需要从以下四个方面入手。

（一）要提高中层干部的价值引领的能力

领导力是一种深层次的价值引领能力。需要在理想信念、价值观培养上下功夫，这是方向问题，也是核心问题。学校要创设问题情境，对中层干部进行价值追问：我们是谁？我们需要做什么？我们不是谁？我们不能做什么？我们的使命是什么？我们到底要到哪里去？

（二）要提高中层干部方法有效应用的能力

领导力是一种管理方式和方法。学校要根据中层干部岗位能力需要，开展基于岗位需求的岗前、岗中、岗后的培训，让培训有针对性，让中层干部岗位能力与工作方式和方法相匹配。

（三）要提高中层干部在实践中解决问题的能力

领导力实际上也是一种技能。只有将理想信念、方式方法应用和具体要解决的实际问题结合起来，在实践中经受考验和磨炼，才有可能实现能力的升华。学校要善于“搭台子”“压担子”“指路子”，要有计划、有侧重、有梯次地培养中层干部。

（四）要提高中层干部自主学习意识

领导力提升是一个系统工程。学校的培养只是外在条件，中层干部自身的努力才是关键因素。建议中层干部发挥主观能动性，学会从“望”“闻”“问”“切”“省”等五个方面下功夫，加强学习。

三、如何加强年级组管理

学校育人方式的变革必然对学校组织结构和管理模式提出新的要求，厘清年级组的管理功能定位，赋能年级组管理是很有必要的。研究和实践的经验告诉我们，在加强年级组管理的过程中，需全体教师达成以下四方面共识。

（一）年级组管理的定位是学校中层管理机构

尽管年级主任没有上级官方认证，但是年级主任大多由比较有实力的中层干部或副校长兼任，这是不争的事实，所以把年级组管理定位为中层管理机构也是合情合理的。采用年级组管理的学校，管理组织架构已经明显地变成围绕“学生发展”这一主体活动来展开的一种新型的管理架构，即“校长室—年级组—班级—学生”的管理主线。根据亨利·明茨伯格的组织管理理论，每个组织应包括最高决策层、中层管理、基层操作、行政管理支持、技术管理支持五个组织。校长室是决策层、年级组为中层、班级为基层。教务处、德育处、总务处等传统的职能部门事实上已经变成行政管理服务机构，即行政管理支持系统；教科室、教研组、教师发展中心以及各类名师工作室等部门已经变成技术管理服务机构，即技术支持部门。

这一定位有助于我们厘清学校的管理架构，正确处理好各中层机构的关系，实现管理模式创新和转型，促进学校高质量发展。

（二）年级组管理的目标是学生发展、教师发展和学校发展

年级组是学校管理的中层机构，其管理目标实现的主要路径有两条。一是自上而下的管理路径：体现在接受学校决策层的工作任务，通过班主任落实各项德育常规任务，通过备课组、各学科任课老师落实各项教学常规任务，通过年级学生自主管理机制和教师巡查机制调动各班级学生的积极性和主动性，营造良好级风，助力学生成长。二是自下而上的管理路径：体现在通过管理实践中发现学生问题或问题学生，追溯各学科教师和班主任在教学管理和德育管理中存在的不足。用问题解决清单的方式，督促整改，强化育人担当，在问题解决的实践中磨砺师德，提高师能，促进教师成长。通过调研、听取年级组老师的意见，不断审视年级组管理过程中的问题，动态调整管理方式方法，建构目标激励机制，提高年级组管理质量，促进学校发展。

（三）年级组管理的重心在学生管理

年级组管理的出现是学校规模扩大、育人方式变革要求教育管理重心前移的实际需要。在发展学生核心素养、立德树人的时代背景下，学校管理由“教师中心”向“学生中心”转变是一种必然趋势，只有把管理的重心前移到学生层面，管理育人的真正价值才会凸显出来。

（四）年级组管理的有效方法就是贴近学生发展的实际需要

促进学生发展是年级组管理的第一要务。由于每届学生的成长背景不一样，学生之间的个体差异也比较大，这些客观事实决定了年级组管理必须与时俱进，不能“穿新鞋走老路”，要根据学生发展的需要，不断地突破固化思维，找到适合学生发展需要的管理路径。年级主任要学会借力，横向处理好各部门之间的关系，在烦琐的年级管理岗位上，成就师生，成长自己。

四、如何加强班主任队伍建设

班主任队伍建设的重要性和迫切性毋庸置疑。当前，班主任人选比较紧张，教师不愿意当班主任是摆在大家面前的事实。实践中，很容易就可以看到，有的学校班主任队伍培养的动作很大，既有理论指导，又有结对子帮扶；既有走出去的机会，又有请进来的操作，可谓轰轰烈烈，但就是解决不了班主任人选难的棘手问题。这足以引起我们思考，班主任队伍建设路在何方？龙海平校长认为“班主任队伍建设必须从问题入手”，只有正视存在的问题，才有可能找到解决问题的出路。

作为学校，班主任队伍建设要从以下四个方面下功夫。

（一）要有作战地图

我们要把班主任队伍带到哪里去？这是由学校办学理念和目标系统决定的。不同学校的办学理念和目标系统设置不一样，班主任队伍建设的理念和目标也应该不一样。如果不明白这个道理，我们的班主任队伍建设就有可能缺乏针对性。事实上，很多学校的班主任培养工作针对性不强，甚至已经变成班主任的一种额外负担。学校培养力度越大，班主任抵触情绪越大，常常事与愿违。要避免类似现象的发生，就必须做好目标引领，并层层规划、步步实施。南海区金沙中学何永升校长分享的以“练”代培、以“评”代培、以“考”代培机制，之所以有效，是因为学校把班主任队伍建设目标当成了“和雅教育”的一个重要组成部分，做到有序实施。南海区桂江二中的办学理念是“让每个孩子美好成长”，教风是“面向人人，循循善诱”，这就决定了桂江二中的班主任培养目标就是要让每位班主任都根植“有教无类”的教育情怀，掌握“循循善诱”的育人艺术。为此我们根据不同年级的德育要求，安排了不同的班主任培养内容；根据班主任的个体差异，安排了不同的培训项目。

（二）要优化指挥团队

班主任队伍建设功夫体现在日常德育管理过程中。德育校长、年级主管、德育主任、年级组长等作为指挥团队肩负重任，他们能否成为学校价值导向的忠实引领者，能否成为班主任培养目标的忠实践行者，显得特别重要。如果金沙中学的“指挥团队”不能很好地领悟“和雅”教育的基本内涵，就很难培养出“和雅”班主任团队；如果桂江二中的“指挥团队”不能很好地领会“面向人人，循循善诱”的基本内涵，就很容易偏离目标，错把“班主任培养”当成“班主任评选”来对待。“培养”需要提供阳光雨露来滋养，需要培土、施肥、除草、修枝剪叶等具体行动来呵护。“评选”只要制定出细化的方案即可打分排名，找出优秀人选。所以“指挥团队”必须成为最优秀的团队，根据团队中每个人的个性特长进行优化组合，让他们成为不同年级班主任队伍的领路人，常用的做法有男女搭配、文理搭配、中青组合等。

（三）要改进评价机制

评价不仅具有导向作用，还有杠杆作用。改进评价机制可从以下三个方面进行。

以目标为导向，结合作战地图，对班主任评价机制进行阶段性调整，让评价导向功能更强大。

根据班主任队伍的具体情况，因人施策，实施差异化评价策略，促进不同起点的班主任实现美好成长。

落实评职评优班主任优先的举措。只是从目标和行动上重视班主任队伍建设，显然是不够的，因为我们还没有让评价结果和理念目标形成闭环，只有从评价结果上兑现班主任优先的承诺，我们才能真正地走出人选难的洼地。

（四）要提供班主任自主发展指引

加强班主任队伍建设，除了学校的努力，班主任自身也要加强学习，提高班级管理能力。建议班主任可从三个“多一些”的角度下功夫。

多一些“陪伴”。班主任要了解学生，最有效的办法就是“陪伴”，只有多一些陪伴，才能增进了解，找到解决问题的路径和方法。毕竟解决的是思想问题，只能一把钥匙开一把锁。

多一些“激励”。激励最好的时机是在学生做对事的时候，班主任如果能把握好时机，就会收到事半功倍的效果。

多一些“借力”。班主任的精力、能力有限，要善于调动同事、家委会的力量，构建一种合作育人的良好氛围，促进班级健康发展。

“练评讲”成为网课的重要机制

——与央视连线对话介绍“练评讲”网课

面对突如其来的疫情，当时我们也是很迷茫的，不敢相信网课进学校、进家庭会发展得这么快。现在回想起来，“居家学习”模式给学校提供了一个很好的发展机会，让我们直面网课的组织和管理问题，寻找符合学校实际需要的网课模式。每所学校的实际需要不一样，解决问题的方式方法也不相同。

我们学校在网课的组织和管理过程中，经历了一个不断调整和优化的过程，可分为三个阶段。

第一阶段，凭主观想象仓促上阵的阶段，时间是2月17日到3月1日，约两个星期，采用“讲师+助教”的形式组织教学。每个备课组确定一位骨干教师当主讲教师，即“讲师”，其他老师辅助教学，即“助教”。本意是想发挥骨干教师作用，节约教学成本。想不到才一个星期时间，学生就纷纷表示更愿意看到熟悉的面孔，听到熟悉的声音。老师们也认为这种大一统的授课方式，无法顾及各班学情不说，尤其是变身助教后，感觉到自己已经丢掉了教学的话语权，和学生交流的过程中，内心深处的那种无力感特别强。大家都认为，还是各自上回自己班的网课为上策，否则难以保证教学质量。

第二阶段，参照线下课程常规让网课常态化的阶段，时间是3月2日到3月15日，也是两个星期，采用“一师一班”形式组织教学。一位教师一次对着一个班上一节网课。调整之后，大家都松了一口气。学生们终于看到了久违的面庞，听到了熟悉的声音。老师们的话语权在手，发发脾气训训人，也算恢复了一种常态。这个阶段，课堂监管力度明显得到加强，可是好景不长，老师们很快就发现，靠一己之力对学生进行远程管教，势单力薄，不是长久之计。构建网课教学新机制，从根本上激发学生学习的内驱力，让他们学会居家自主学习、自主管理、自主生活才是正道。在大家的推动下，网课管理又向前迈了一步。

第三阶段，追求实效，尝试建构网课范式的阶段，时间是3月16日到目前，采用“练评讲”方式组织教学，建构了“学生练—助教评—教师讲—小组赛”的管理新机制。

关于学校转型的思考

——在华南师范大学举办的校长论坛上的发言

学校要转到哪里去?

我认为学校转型是一个系统工程，必然会带来教育教学方式的系统变化，其最终目的是为社会主义现代化建设培养合格的建设者和接班人。

从教学方式上看，学校转型应该是一个由教师“会教”向学生“会学”，再向教师指导学生“会练”的方向转变的历程。今天的学校教学方式转变，如果还停留在教师“会教”与学生“会学”的层面，必将错失发展的良机。

从教育方式看，教师“会教”到学生“会学”，再到教师指导学生“会练”的转变，不仅是教学观念转变和教学重心转移这么简单，而是学校教育能否与生产劳动、社会实践相结合培养出国家所需要的人，是要学校怎样培养人的大事。

学校转型有哪些探索?

我和学校的教师一道，经过十多年的探索，先后在四所学校实践，创建了一种新的学校教育模型，叫作“练评讲”教育实践模型。可用三句话来表述：让学生走在教师前面，做最好的自己；让教师走在校长的前面，做教育的先锋；让家长走进孩子们的课堂，助力学生美好成长。

转型后的学校有哪些变化?

从课堂教学方面看，课堂充满生命活力。自从教学有了“练评讲”流程，学生的学习主动性提高了，教师“满堂灌”的现象不见了。

从学校班级管理方面看，学生的自主性更强了，同伴互助，小组合作，班级荣誉感更强了，学生成为班级管理的中坚力量。

从学校整体育人方式看，实践育人、环境育人、文化育人、活动育人等育人方式呈现多样化的趋势，校园焕发出生命活力。

影响本校教学质量的主要因素

——在佛山市教育局“教学质量专题座谈会”的发言

一、主要外部制约因素

一方面，平洲三中生源地各小学办学条件很不均衡和教师队伍整体年龄偏大是最突出的问题，导致我校成为桂城生源基础最薄弱的学校。小学升初中单单英语一科的成绩就比桂城平均分长期低30分以上。所辖夏东、夏西、夏南、夏北都是近几年从原村办小学收归街道直管，这些学校的办学条件确实比较差，教育教学设施设备跟不上，教师队伍整体素质偏低、年龄偏大，学校结构性缺编也比较严重。例如，夏西小学现有52位教师，其中14人是临聘教师，38位公编平均年龄45岁，38位公编教师除校长外，其他基本上都没有流动过。其他三所学校的情况大同小异。

另一方面，各类优质学校（实际上是办学条件比较好的学校）对生源地小学基本上是拉网式的掠夺，留下的基本上都是想走也走不了的生源。

二、主要内部制约因素

平洲三中目前还是办学设施非常薄弱的学校。受资金和场地所限，理、化、生实验室不规范，且非常破旧，21个班长期以来共用一个电脑室，整个学校只有一个可以容纳50人左右的会议室。

教师普遍自信心不足。由于长期以来学校的教学质量处于桂城倒数第一、第二的水平，教师普遍存在一种习得性的无助感，严重缺乏自信，没有斗志，没有人愿意参加各种教学展示课活动，没有人愿意辅导竞赛，甚至连高级职称都不敢申报。平洲三中从2004年开始11年间只有一人申报高级职称，并且连续多年申报才通过。

三、改进本校教学质量的主要措施

2012年9月，我到平洲三中当校长，以课题为抓手，尝试推行自己研究多年的“练评讲”教育改革成果。我也意识到，在教师们普遍自信心不足的情况下，如果走传统的“先买票（先教师培训），后上车（后教学改革）”路径可能收不到好效果。思量再三，决定开辟“先上车，后买票”的新路径。先上车，就是先改造原有的教学流程和评价机制，让每个教师都踏上改革的旅程，置身于具体的问题情境中；后买票，就是学校针对教师的实际需求，及时开展研讨和培训活动，帮助教师实现自我成长。

经过三年多的努力，平洲三中的教师在“练评讲”教育改革的过程中，收获了自信，培养了自为、自强的研究习惯，建立了更高水平的自尊系统，学校的教学质量大幅提高。

四、提高本市教学质量的一些建议

第一，转变视角，打破教学质量的评价“一刀切”的做法，对薄弱学校教学质量给予特别的关注，让这类学校的老师看到希望。

第二，树立薄弱学校的教改典型，提炼薄弱学校转变的教改经验，引导薄弱学校走自为、自强的改革之路。

第三，建立以课题研究为引领，以学校为核心，打破长期以来教学研究重视学科，轻视学校教学研究一体化的做法，建立以提高学校校长教改领导力为核心的新型教研机制，帮助学校不断提高教学质量。

信息化让薄弱学校弯道超车

——在2015年全国基础教育信息化应用现场会上的发言

我是平洲三中校长龙海平，我发言的题目是《信息化让薄弱学校弯道超车》，我的汇报有以下内容：薄弱学校情况，教育信息化支撑学校发展的战略思考，主要举措，标志性成果，成功经验与未来设想。

2012年，我任平洲三中校长。这是一所薄弱学校，生源底子差、教学质量差、教学模式陈旧、师生信心不足。

提高办学质量、激发师生的斗志成为我的梦想。

打破困局，我选择了教育信息化支撑作为突破口。我是这样想的，国家将教育信息化提升到新的战略高度，这无疑是教育改革发展的前进方向。

我抓住南海区用教育信息化将教育推入“云端”的机遇，加入电子书包研究团队，将自己创建的“练评讲”教学模式与电子书包学习工具进行融合创新，创建了“练评讲+电子书包”的教学新模式，得到了师生及家长的积极响应，改善了教与学的生态环境，为学校腾飞插上了翅膀。

怎样进行教学模式的融合创新呢？我的做法是分三步走。

第一步，创新管理机制。在南海区教育局领导下，学校借力华南师范大学专家团队和信息化企业，发挥骨干教师的带头作用，形成了学校、高校与企业的三方合作机制。

第二步，开展信息化培训活动。重点开展信息化领导力培训、教师信息化教学能力培训和学生信息技术应用能力培训，强化团队的执行力。

第三步，置入“练评讲”教学模式，再造教学流程。将之前只能在常规课堂中应用的“学生练—助教评—教师讲—小组赛”的“练评讲”教学模式推广到混合式学习环境中去，实现了互联网环境、文化积淀和师生人力要素的有效融合，成功架起了一座通往云端的桥梁。

这是一节电子书包支持下的初中数学复习课教学课例，这节课的课前“练评讲”实现知识梳理，问题发现；课中“练评讲”实现强化能力，进行个性化的训练；课后“练评讲”实现思维拓展，综合能力提升。

在混合学习环境下实施“练评讲”教学需要学生学习平台、助教管理平台、教师教学平台、小组竞赛平台和家长查询平台做支撑。这是因为，有信息化平台支撑和无信息化平台支撑的教学效果是不一样的。

信息化平台支撑的“练”，学生可以借助各种关联资源自行解决掉新课学习80%的疑惑，可以大大减少问题障碍。

信息化平台支撑的“评”，学生之间可以同时做到多对多的讨论和多对一的帮扶，这种多管齐下的做法平常确实难以做到。

信息化平台支撑的“讲”，可以打破时间和空间限制，满足不同层次学生的个性化学习需求。

信息化平台支撑的“赛”，可以用更多数据说话，使比赛更客观、科学。

我们的“‘练评讲+电子书包’教学模式应用研究”课题组是一个上下联动的组织系统，上一级是南海区的总课题，下一级是学校的文科、理科和特色学科课题组。每个层级都有相应的激励机制，学校设有模范奖、先锋奖和优秀奖，激励年级组、备课组和教师个人。实践证明，良好的评价机制是目标达成的重要保障。

我们在三年的信息化应用实践中取得了一些标志性的成果。电子书包实验班每个学期统考成绩合格率、优秀率、特优率进步非常明显。2015届的学生连续三年参加南海区绿色质量检测，各项指标处于最好水平。2015年学校参加广东省运动会获得学校项目组田径赛团体总分第一名。

家长对学校信息化课堂改革充满了期待。我们定期邀请全体家长走进课堂，听课评课，家长对课堂的总体评价满意度达97. 6%，对小组合作的评价满意度达92.9%。

与此同时，课题组的论文《电子书包支持的初中数学复习课翻转课堂教学模式》在第八届混合学习国际会议上发表。

三年来，全国各地的教育考察团纷纷到学校参观指导，累计达到7820人次，促进了师生在教学改革中快速成长。

平洲三中的经验告诉我们，抓住信息化发展的历史机遇，提高认识是前提；实现信息化环境下的技术融合创新是关键；借力高校专家力量是有效方法。

今后我们将继续扬起“互联网+”的风帆，努力推进学校教育现代化，坚持融合创新正确方向，促使学校更上一层楼。

管理要做到情智并举

——带领名校长工作室成员入校调研的现场点评

时间：2015年6月3日上午

地点：盐步中心小学

我对盐步中心小学的办学情况做一个点评，盐步中心小学特色鲜明，做得的确很好，校长怎样在此基础上有新的突破，这是值得思考的问题。我以为，学校有特色，需要名师、名生来支撑，校长不妨往这个方面想一想。

另外，学校最近搞的学生综合素质评价系统，确实很有创意，也得到了各方的肯定，方向上绝对没有问题。我想提醒的是，任何的评价都是管理的最后环节，当然也是新一轮工作的开始。管理是由一系列的环节和流程组成的系统，只关注评价创新是不够的，学校需要在流程上下功夫。评价需要具有创新性，但是老师是否愿意用，这是关键。我见过很多评价系统，理论上确实没有问题，都是找专家指导的，方方面面都照顾到了，投入也比较大，但确实碰到了应用上的难题，教师不愿意用，后来也就不了了之。教师愿不愿意跟着你干，这可以说是学校管理最值得关注的问题。

对于要讨论的两个问题，各位的分析都很有道理，找出的方法也很实用，我也很认同。我想从管理者的角度做一个简单的分析，说说我的意见。

拿出两个案例来讨论，目的是要引发大家的思考。其实两个问题司空见惯，所有校长都会遇到。但是两个问题都是不容易解决好的问题，在实践过程中解决是有难度的，特别是在公办学校，在当前人事制度环境下，这种难度会很大。

这两个问题有一个共同点，都是由想解决学校发展过程中的问题引发的，也可以说是学校发展过程中的一些副产品。学校的做法其实没有错，按道理说所有的老师都会很明白，不需要多说。

问题还是由于没有成功地转化学校的目标，教师感受到的是麻烦、是压力、是没完没了的焦虑。

那么，教师到底能承受住多大的压力？哪些人会很抵触？他们心里是怎么想的？做这件事之前，学校领导是否心中有数？这是首先要思考的问题。

学校的管理可分为三个层次。

第一个层次，用力管理，“看我的，跟我做”。领导带头，事必躬亲。带头上公开课，甚至兼任级长、班主任。校长上班比老师早，下班比老师晚。学校管理，很多时候确实需要这样做，特别是一些开创性的工作，这种做法效果会很好。但是我们也得承认，这种做法的作用也是很有限的，因为学校管理是多方面的，看得见的行为只是其中的一个层面。同时，每个领导、教师的家庭情况不同，能持之以恒带头的人并不多，很多时候跟着你干一两天可以，而坚持下去比较困难。

第二个层次，用制度来管人，“制度面前人人平等”，不断强化制度的作用。制度管理，听起来确实是不错的做法，也是众多管理者津津乐道的法宝。但是最容易出问题的恰恰就是这个制度管理。究其原因，大多数情况是管理者高估制度的作用，低估被管理者应对制度的智慧。

制度毕竟是死的，制度越是完善，死板的东西就越多，死板的东西越多，漏洞就越多。上有政策，下有对策，应对现象，无处不在。

出工不出力，你听你的课，我上我的课，无所谓，是应付。

你说我哪里不好，我叫你拿出更好的给我看看，也是应付。

我虽然按照你的要求做了，但我对你的做法表示反对，实际上你得到了事与愿违的结果，这还是应付。

你关注班级管理，我不想做班主任了，我看你怎样做我的工作；你增加班主任津贴，我不想要了，我又不是穷到等钱救急，这更是难以对付的应付。

当大家在制度的应付与反应对问题上纠结的时候，制度管理的作用和效果就会大打折扣。更重要的是在这个过程中，人心与人心之间的距离越来越远了。

所以，制度不是万能，唯有抓住人心才能开展好我们的工作。

我并不是要否定制度管理，只是想说明，制度本身也应该是一个成长的过程，不能想当然，要考虑教师内心的感受，不要忘记我们当初要做什么，我们的目标是什么。

第三个层次，用心管理，将心比心，站在对方的角度想问题，寻找解决问题的有效途径。我认为，每个问题的出现都绝非偶然。管理者要学会透过现象看本质，只有寻找到某一种行为背后的动机和关联要素，才有可能发挥管理的最大作用。

我的办法，一是创造机会与班主任、科任教师聊聊天，发现他们每个人的闪光点，在不同场合表扬他们。

二是从长计议，聚焦某项教育科研项目，让大家一起来关注与思考，引导大家走上研究的道路。管理创新说到底是人们关注点的更新，是人心所向。只有切中这个要害，才能走上管理的正道。

说到这一步，似乎已经表达清楚了。其实不然，我们得掌握管理层次递进的技巧。从第一层进入第二层次，需要用力；从第二层次进入第三层，需要用心。用心的过程需要遵循情智管理相结合的原则。

我们的很多管理者都是聪明人，会说道理、会做规划、会用策略，可以把改革的方案搞得高大上，即使能力不足，找一找专家帮助，也可以弥补不足。我们评价一个人领导水平的高低，很多时候就是看他的思维是否敏捷，思维是否有深度和宽度，也就是说我们习惯于从认知水平看待一个人。

但是，实践中能说会道的人未必能把事情做好，高大上的方案恰恰最难以实施。这是为什么?

这是因为管理终究是要让人去做事的，人的情绪受外界环境的影响确实很大，也就是说人们不是任何时候都愿意听你指挥。所以掌握火候，关注人们的情绪变化，是我们要掌握的一门技术，我把它叫作情绪管理。春生、夏长、秋收、冬藏，每个季节都会影响人的行为，开学初、学期中、学期末不同阶段，教师和学生的心态都不一样。情绪好比发动机，情绪高涨，高兴做事，很多奇迹都可以发生；情绪低落，对什么都不感兴趣，最常规的事情都不一定能做好。所以管理者要善于关注人们的情绪变化，把握一些基本的规律，学会顺势而为。

我指的用心管理，其实是将情绪管理和认知管理有机地结合在一起，我把它叫作“情智管理”，能否做到情智并举，可以说是管理成败的关键所在。情智并举，简单说就是方向对、时机好。

比如开展课堂教学研究，通过听课、评课来提高教师的业务素养确实是正确的方向，但听课、评课活动安排在开学初、学期中、学期末不同时间段效果确实不一样。

所以管理要情智并重。就像建一座房子，“智”就是我们的设计方案，代表一种高度；“情”就是我们保障完成房子建造的重要力量，代表一种力度。只有将两者结合，我们才能建设美好的家园。

怎样用开放的眼光看教育

——应邀参加南海区九江镇教育大讲堂现场回答老师们提出的问题

时间：2015年3月30日下午

地点：南海区九江镇初级中学

问题一：什么是好教育？

好教育是有效果的教育，就好比一剂好药方。今天因感冒吃了大夫开的药，感觉真的很有效，我就认为大夫的药方是好的，因为对我来说真的很管用，没有影响我今天参加这个会议。

好教育是有奔头的教育。我是一个初中毕业就考到中师的农村孩子，当我的一些同学读高中、上大学的时候，我觉得自己要发展，要走一条与他们不同的道路，于是我选择了在职进修，读大专、读本科、读研究生。我认为这些学校的继续教育都很适合我，让我看到了希望，有奔头。特别是读研期间，我学的是工商管理，跳出教育看教育，感觉很好，比如我对质量的理解、对流程再造的理解、对消费者的认识等，这些都与教育行业内的认识不一样，至少多了一些看问题的角度。

问题二：校长如何解决教师职业倦怠的问题？

职业倦怠说到底是由于教师个体的价值取向不高造成的。我是通过讲座的方式让教师明白职业倦怠对自己以及家庭的危害，应用的是弗洛伊德的两个本能学说——生本能与死本能。确实很有效，有很多顿悟的例子，例如，一个长期都以各种理由要求减轻工作量的教师，听了我的一次演讲就实现了华丽转身，满工作量之外，还主动承担很多事务。我是真的相信“放下屠刀，立地成佛”这种顿悟式转变的，也认同价值观改造是很有用的办法。

还有一个重要秘诀告诉大家，我可以用一个讲座解决价值观问题，并不是我讲得好，而是我本身不属于倦怠一类的人，他们看得见，也知道我内心怎么想，行动怎么做。

一个没有职业倦怠的校长，他的队伍要想倦怠都难，校长自己倦怠，他的队伍不倦怠是不可能的。

拿破仑有一句名言：“一头狮子带领一群羊，可以打败一只羊带领的一群狮子。”

领头的人的示范引领作用不可忽视，很多人愿意花很多的精力去研究别人，就是不愿意花时间来反思自己。很多时候，解决职业倦怠的问题，方法不是最重要的，领头人的冲劲和人格魅力是最重要的，什么样的人带出什么样的队伍，这一点不会错。

问题三：怎样建设特色学校？

我曾经写过一篇文章叫作《特色不能偏离方向与质量的正轨》，在《佛山教育》上发表的，不知道大家是否有印象。

特色不能偏离办学的方向，比如我们重视体育，但我们绝对不能把义务教育阶段的体育特色学校办成体育运动学校。

特色不能偏离质量的正轨。质量本来就包括特色，特色是质量的一个组成部分。美国质量学会对质量有一个定义：质量是产品或服务的特色与品质的总和，这些特色品质具有满足消费者显性或隐性需要的能力。可见，打造学校特色的目的是增强学校的吸引力，这和提高办学质量的要求是一致的。

问题四：怎样用开放的眼光看教育？

开放的眼光是一种具有高度、深度、宽度，又有速度的视角。这种视角与行动紧密相连。

我做“练评讲”教育，其实与我练武的经历（行动）有关，我从武术学习中领悟出先练后讲的办法比传统的先讲后练要好得多，也可以说是跳出了教育看教育，也算是用开放的眼光看教育。

师傅先让学员根据自己的理解练武术，一段时间后才给你讲为什么要这样练，要做什么调整，学员是从结果反观自己的行动的，所以收获很大，不会忘记，这是练在先的好处。

同时，师傅的讲解是有高度的，他帮助你建构一个完整的知识系统，让你明白知识之间的相互联系，这是一种高阶的思维，他能让你明白最好的武术是什么。我之后看了很多的东西，几乎都在他们所讲的原理之中、系统之内。所以我明白，要教给学生系统的知识，因为只有系统的知识才能培养出能力，碎片化的东西确实很难拼凑成一个整体。

亚里士多德也说过“整体大于部分之和”，可见整体很重要。

通过阅读中外教学目标设置的有关资料，我和教师一道试着将习以为常的低阶教学目标设置调到高阶思维训练层次，实践证明这是可行的。也就是说，我们今天的“练评讲”课堂又有了新的变化，从低阶思维目标向高阶思维目标提升的变化，这也算是用开放的眼光看教育后的一种收获吧。

其实我们的教学设计里面就有高阶思维训练的问题，只不过这些问题往往被我们的教师忽略了，因为中考讲究标准答案，高阶思维的题目很多时候难以设置标准答案，再加上我们的教师习惯看参考书，有时候甚至自己也不会做。

例如，《木兰诗》这篇课文最后一个问题：木兰从军的故事为什么流传了两千年?

这其实就是高阶思维训练题，需要从多角度思考，刚好就是一个纲要式的问题。教学如果从这里入手，往往可以起到“牵一发而动全身”的效果。有教师一改传统先教字词句的做法，直接提出这样的问题让学生小组合作讨论来回答，效果就非常好。所以我坚信中国的教学也可以把目标定得高一些，也可以指向高阶思维训练。

我总觉得，我们的传统课堂，问题设计得太多，常常面面俱到，把知识弄得支离破碎，只见树木，不见森林，没有办法形成完整的知识结构，最终能力也出不来。

我用开放的眼光看教育，探索出一条“练评讲”教育之路，不知道是否能解答清楚今天的问题。

开放是一种行为方式，眼光是一种精神境界，表明我们追求的不是一般意义上的教育，它既要有效果，又要有奔头。

十年的探索到底做了什么

——2014年12月在佛山市中学课堂教学改革成果展示会上的发言

各位领导：

我是南海区桂城街道平洲三中校长龙海平，借此机会，和大家分享一段研究的经历。我研究“练评讲”教学法十年，这十年到底做了什么？我觉得可以用123456来表述。

一是走了三所学校。第一所学校石肯中学，算是“练评讲”教学法在打基础；第二所学校桂江一中，算是“练评讲”教学法在建房子；第三所学校平洲三中，算是“练评讲”教学法在搞装修。

二是拿了一个奖。2013年“‘练评讲’教育模式的实践研究”课题项目荣获广东省普教成果二等奖。

三是悟出一个道理。“南辕北辙”有新解，要到南方去，往北走其实也是可以的，因为地球本身是圆的，加上今天好多地方都有环形路（比如佛山一环），往北走到南方去不会有问题。去南方往南走是常态思维，大家都往那里走，很容易堵车；往北走是创新思维，选择的车道不一样，基本上不会堵车。再说，教学不一定要走最便利的道路，让学生多一些自主体验不是坏事。

四是找到一种实用的方法，即“练评讲”教学法。“练评讲”教学法，是我们找到的往北走也能到达南方目的地的有效方法。“练评讲”教学法，在教学上的操作方式就是“练评讲”教学模式，即“学生练—助教评—教师讲—小组赛”。在德育管理上的操作方式就是班级分组助教管理模式，即一个班分为多个助教小组，每个小组实力相当，称为“分组优”；每个助教小组有不同岗位的助教，人人都有事做，称为“干部优”；助教小组每天轮流值日，管理班级事务，称为“管理优”；班级以助教小组为单位进行量化评比，称为“评价优”。

五是怎样推行“练评讲”教学法。首先要相信学生，保持“吾马良”的自信。要相信每个学生都不是空着脑袋进教室的，个个都能走好这条路。他们需要的只是机会。事实上，学生的好奇心强，很想抢先一步走在老师的前面。其次要凝聚更多的能量，坚持“吾用多”的自觉。“练评讲”教学法的最大优势是让德育、教学和管理形成合力。班级分组助教管理方式就是能将德育、教学和管理融合在一起的有效方式。我们做到了行政带头、班主任统筹、家长参与有机整合，“练评讲”教学法实施显得力量十足。最后要相信老师，践行“吾御者善”的自主。教师是教改的中坚力量，我们把学科“练评讲”的操作权交给教师，让每个人都做属于自己的“练评讲”，教师专业发展主动性被激发起来了。实践证明，我们的教师不仅有往北走的勇气，还会创造出往北走的多种方法。

六是取得的效果。首先是学生受益。学生在课堂参与中收获自信，很多平时不敢发言或不愿意发言的同学在老师和同伴的鼓励下尝试着当“助教”，慢慢地就变成了合格的助教、优秀的助教。其次是教师受益。传统的讲授式课堂，教师讲学生听，师生之间缺少互动，学生容易走神，教师也不知不觉就把课堂变成了“独角戏”，课堂教学效率低下。自从用了“练评讲”，学生的积极性被调动起来了，学生先练，助教先评，课堂70%的问题学生基本上都可以解决，剩下30%的问题才由教师来讲解。这样，教师轻松了，课堂的针对性加强了，效率提高了。再次是家长认同。我们开放课堂让家长听课评课，每次的问卷结果显示，家长对“练评讲”课堂的满意度都在95%以上。最后是学校发展。学校借助“练评讲”家长听课评课的机会，顺势而为走上开放办学的道路。家长参与晚自修管理、参与课外活动管理、参与研学旅行校外活动管理成为一种新常态。

中小学行政骨干能力素质提升培训需要回答的六个问题

——应邀为南海区西樵镇教育局中小学行政培训班讲课，现场回答提问

时间：2014年11月26日

地点：南海区执信中学

问题一：学校中层干部应有怎样的执行力？怎样才不会让中层干部的工作仅仅停留在“二传手”的状态？（部分中层只会起到上传下达的作用，而不会创造性地开展工作，遇到困难不会主动想办法去解决，而是推回给校长）

中层干部应具有与岗位相匹配的、又快又好的执行力。我们不应该脱离具体的岗位去谈执行力，能力和岗位匹配是一个基本要求。快，指工作效率高；好，指工作效果好、质量高。我的策略是：用目标去管人、用流程去管事、用监控去送温暖、用评价去铸辉煌。

问题二：中层干部会有很多评价，如要接受校长的评价、接受教师的评价，既要做好工作，又要处理好人际关系，有时确实是很难。我们应如何处理这个问题？

中国式的评价表面是德、能、勤、绩评价，本质上其实是岗位胜任要素评价。胜任要素：社会角色——该不该坐这个位置（德）；自我认知——自不自信（绩）；个人特质——适不适合坐这个位置（能）；行为动机——喜不喜欢这个位置（勤）。

处理上下关系的三个基本原则：一是“己所不欲，勿施于人”；二是“扬人之长，容人之短”；三是“山不过来，我过去”。

问题三：我们的工作要很讲艺术，所以我们中层干部要努力提高自己的领导艺术。您能否举个您学校管理中的例子来说明什么是领导艺术？并对中层干部应如何提升领导艺术做个指导？

领导艺术属于胜任要素中的个人特质范畴，每个领导只要他是胜任的，他都会有自己的领导艺术。所有艺术本质上都是追求“美”，领导艺术也不例外。领导艺术就是要用一种高超的技巧（办法）去做好某件事，并且产生美的效应，让人乐于接受。提高领导艺术最好的办法是看书，看一些有心理学内涵和人际关系学价值的书籍。

问题四：有些教师出于年龄或自己感觉到职称评定已到顶等原因而工作积极性不高、进取心弱，有时中层干部为他们布置工作任务时会遭到拒绝，安排工作需要“哄”“叹”。面对这种情况我们如何才能更有效地布置工作任务？或者用中层干部通俗的话来说，如何才能“叹”到教师接受工作或任务？

造成职业倦怠的原因有两个方面。一是教师的职业价值追求不够高，把职称当作终点。二是我们的学校文化，特别是评价文化还不利于满足这部分教师持续发展的需求。解决职业倦怠的问题可从三个方面下手。一是运用弗洛伊德的两个本能学说，让教师认识到职业倦怠的危害，不仅危及个人，还可能危及家庭。生本能——建设性的、积极的本能；死本能——破坏性的、消极的本能。人们不怕没有现在，但一定怕没有未来；人们可以不怕毁灭自己，但一定怕由于自己失当伤害到自己的亲人。二是再造学校的文化，特别是要调整教师评价的方向，改变教师评价的策略，我的做法是从终结性评价方向转变为发展性评价的方向，以促进教师自主发展为目标，构建多元化的评价制度，让更多的教师获得成就感。三是改进布置工作任务的方法，平常要积蓄人际关系的正能量，不要摆架子，不要随意开玩笑，不要随意用短信指挥别人；安排工作要知彼知己，一把钥匙开一把锁；不要做一锤子买卖，“目标—流程—监控—评价”一样不能少；要有预案，即B计划，不能在一棵树上吊死。

问题五：目前中层的工作压力大、工作量多，通常有焦虑感。我们应如何消除这些焦虑感并进一步提升中层干部和骨干教师的职业幸福感？

人生中最有力的激励因素不是金钱，而是发展的机会、平台和人际交往中获得的认同感。每个人的职业幸福感与个人职业目标定位和个人的心理承受能力相关联，是一个天时地利人和的问题，他的专业发展机会怎样？他是否在合适的位置和平台上？他与学生、老师、家长、上下级、亲人的关系如何？都直接影响他的职业幸福感。提升教师职业幸福感，学校要做两个方面的工作。

一是创新学校的管理文化，给教师合理调配自身资源留出空间和时间。不要将教师控制在学校这样一个狭小的空间内，要创造条件让他们走出去看一看外面的世界。更不要把他们所有的时间都用尽，要让他们能有时间和自己的配偶、孩子、父母在一起，因为家庭关系和谐是职业幸福感获得的最有力保障，没有这一保障，所有的“人性化”管理都是空中楼阁。

二是在课程、课堂、课题上下功夫，走教学现代化之路，让每个教师在课程、课堂、课题等方面都有机会、有平台。

问题六：骨干教师进一步成长的途径有哪些？

首先要清晰骨干教师成长之三阶段：成才，专业水平有一定高度；成名，个人领域内有一定的影响力；成家，有独立的思想和成就，特别是有专著。其次要帮助教师在课程开发中成长、在课堂教学中成长、在课题研究中成长。

乘势而为，再创辉煌

——2012年6月校长任期述职报告

感谢大家给我这个机会，对几年来的学校管理工作做一个总结。

我2007年9月从石肯中学调任桂江一中校长，属于中途任命。2008年9月竞聘为桂江一中校长，2008年9月至2012年9月为一个完整的任期。现主要对2008年9月至2012年9月这个完整任期内的工作做一个简要的陈述，请大家点评。

一、任期目标达成

学校成长一般可分为三个阶段，即合格学校、规范化学校和特色学校。2008年9月，我任职的时候，桂江一中尚处于“规范学校”阶段，离“特色学校”还有一段距离。基于此，我向教育局提交了《校长任期目标与实施策略》的书面报告，明确了“将桂江一中从规范化学校推向特色学校的发展阶梯”的任期目标，准备用四年的时间，采取以“练评讲”教学法的实践研究为突破口，以班级分组助教管理制度的建立为切入点，以建立激励机制为重要手段，将桂江一中推向特色学校的发展阶段。几年来，我们全体教师共同努力，已经走出了以“练评讲”教育模式为特色的学校发展之路。2011年2月，我们的“练评讲”教育特色名校工程获得南海区政府96万元专项资金资助，这说明，教育专家以及教育行政部门对我们特色名校的发展前景寄予良好的期待。2012年3月，我们学校凭借“练评讲”教育特色学校的优势，被中国教育学会评为“全国名优学校”。这进一步说明，我们的“练评讲”教育特色学校已经在全国具有影响力。事实上，2009年以来，我们在北京、广州、扬州等地举办的国际性、全国性的会议上做了成果展示，产生了良好的效应。近年来，全国各地慕

“练评讲”教育之名到桂江一中学习交流的领导和教师累计超过4000人。只要我们继续探索，就能走出一条具有岭南特色的学校改革创新之路。这些典型的事例足以说明，本届学校领导班子的任期目标已经圆满完成。

二、学校文化创新

学校文化是一所学校精神与氛围的集中体现，创新学校文化是学校改革发展的必然选择。任职以来，为了完成预定的发展目标，把桂江一中推向特色学校的发展阶梯，我和教师们一道，锐意改革，向文化管理创新的深层次迈进，创新了学校文化。突出表现在以下四个方面。

（一）推行“练评讲”教学法，创新了教师管理机制，打造了务实进取的教师文化

我们以“练评讲”教学法的实施为突破口，发挥教育科研的引领作用，使“学生练—助教评—教师讲—小组赛”成为我们桂江一中独有的课堂常规。在这个过程中，我们做到了人人参与命题，人人上“练评讲”教学法公开课，人人撰写科研报告和论文，人人在教育教学岗位上务实进取。我们的做法在当前课题研究与教育教学实际严重脱节的现实氛围中显得难能可贵。用勇气挑战自我，用毅力完善自己，已经成为我们桂江一中教师文化的主流。几年来，我们务实进取的教师文化已经开花结果。下面两方面的数据可以说明问题。

1. 科研论文发表的数量和质量

据不完全统计，已经有30多位教师的40多篇科研论文在《佛山教育》《广东教育》《广东教学》《中小学心理健康教育》《中国教育学刊》等刊物发表，这些论文都是“练评讲”教育教学实践的理论探索。在一个初级中学里面，几年时间就有那么多科研论文在专业期刊发表，非常少见，没有科研实践，没有奋进精神的学校，是没有办法达到我们今天这样的科研水平的。

2. 名师数量和质量

在2012—2014届的名师评选活动中，我校32位教师成为街道以上的名师，其中10位教师成为南海区以上的名师。这10位名师包括1位南海区高级校长、1位南海区高级班主任、2位南海区学科带头人、1位南海区骨干班主任、3位南海区骨干教师。这个层次的名师，无论是总人数，还是知名度，在南海区的公办学校里都是令人羡慕的。这一届名师考查的重点刚好是2008年9月—2012年

2月的业绩，也就是说，这一届名师是在“练评讲”教育科研的实践中成长起来的。名师队伍中的刘凤兰老师，辅导学生参加全国信息学联赛，连续四年夺得广东省初中团体第一名的辉煌成绩，在广东省有较大的知名度；苏乔花老师，辅导学生参加全国电脑制作活动，成绩骄人，被南海区教育局聘为动漫教育总教练；黄明老师的班主任工作实践研究很出色，荣获了“广东省名班主任”称号；许静华、张建辉、周建华、刘桂军等老师，在全国性的高效课堂展示课、评优课活动中，成功地展示了“练评讲”教学法课堂教学风采，受到专家学者赞誉。

（二）推行班级分组助教制度，创新了学生管理机制，培植了自信自强的学生文化

班级分组助教管理模式是一个以培养学生自主学习能力和自主管理能力为主要载体的德育教育机制，也是自信自强学生文化有效生成机制。几年来，我们全体班主任和年级组长付出了艰辛的努力，建章立制，改进和调整，促使班级分组助教管理模式成为“练评讲”教育最亮丽的特色模式。几年来，我们全体科组长、备课组长以及全体老师付出了辛勤的汗水，对学生关怀备至，悉心培养，使一批又一批的学生走上“助教”的岗位，主动成长。我们的班级分组助教制度不仅有利于优秀学生脱颖而出，步入良性发展的成长道路，而且有利于学习困难的学生、心理困惑的学生、品行不良的学生走上自信自强的成长道路，实现新的跨越。在桂江一中学生喜欢当助教，善于管理，喜欢展示自我，善于竞争，已经是不争的事实。放眼望去，在应试压力的环境下有多少初中学校能做到让学生如此主动地去担当、如此主动地去发展?

（三）推行以小组为单位的评价制度，创新了学校激励机制，打造了舒心和谐的管理文化

几年来，我们以小组为单位对学生进行评价，以备课组、学科组、年级组为单位对教师进行评价的做法，对记分排序的末位淘汰制进行改革，成功建立了以合作为主流，以互助为特征的管理文化，创设了和谐共进的良好氛围。我们很多教师身上表现出来的包容的精神，赢得了学生、同事、家长的尊重。今天，“对内合作，对外竞争”“严于律己，宽以待人”“助教他人，快乐自己”“大爱行天下，小德驻心间”的和谐理念，滋润着我们每个人的心田。

（四）推行“练评讲”教育模式，走出一条特色名校创新发展道路，建立了独具特色的名校文化

我们尊重人才成长的基本规律，对学生的今天和未来负责，再造教学流程，重寻教育本源，让每位学生都积极地去做最好的自己。我们只用短短的几年时间，就顺利完成了从教学模式改革到教育模式变革的跨越，深入中国教育改革最核心和最艰难的层面——教育模式变革。凡是了解我们做法的人，无论是专家学者、一线教师，还是学生家长都给予了充分的肯定。我们用高度负责任的态度搞改革，为学校发展注入了新的文化元素，这些元素包括“让学生走在老师前面，做最好的自己”的办学理念，“铸就领袖气质，磨砺学者风度”的育人目标，“自信自强，务实进取”的校训，北斗七星图案具有领袖气质的校徽，以“助教他人，快乐自己”为导向的社团文化，等等。这些文化元素为桂江一中实现跨越式发展提供了动力。文化的力量是不可以忽视的，一经顺利地注入，它就会发酵，产生我们无法想象的动力，有了这种动力做支撑，我坚信桂江一中一定能不负众望，克服困难和挫折，在中国教育改革的浪潮中创造出更加辉煌的业绩，成为一颗导航的明亮的星星。

三、品牌美名远扬

几年来，我们的教学工作不断地创造佳绩，中考成绩连续多年稳居南海区的前列，学生步入高一级学校之后的发展后劲得到社会的普遍认可，学科竞赛成绩辉煌，体育和艺术综合评价得分连续多年夺取桂城所有初中学校中的第一名：信息学竞赛连续四年夺取广东省所有初中第一名，动漫作品多次夺得广东省团体第一名和全国团体第一名的好成绩，英语竞赛连续四年夺得南海区公办学校第一名，生物竞赛连续四年夺取南海区公办学校第一名。

几年来，我们的德育工作卓有成效，2009年搬迁之后，我们成功地实现了从走读学校到全住宿学校的转变，学校管理再上新台阶。宿舍管理、校园管理得到家长和社会的认同。学生的自主管理能力和自主学习能力提升快速，赢得了家长和社会的普遍赞誉。

几年来，桂江一中的教育改革成绩突出，“练评讲”教育模式独树一帜，产生了蝴蝶效应。省内外的兄弟学校、专家学者纷纷到桂江一中交流。《佛山教育》《广东教育》《广东教学报》《中小学心理健康教育》《中国教育学刊》《珠江时报》等纷纷报道桂江一中的教育改革。中央电视台、佛山电视台等已经进行了20多次报道。2011年11月，佛山市教育局召开全市初中教学工作会议，高调推荐桂江一中的“练评讲”教育改革。2012年2月，南海区政府拨专项资金资助，各级教育行政部门给予大力支持。由此可见，我们桂江一中已经获得了一个非常难得的发展机遇，乘势而为，一定能再创辉煌。

各位教师、同事，一个学校的发展和变化，有它独特的历史轨迹，每点的进步其实都是我们站在前人的肩膀上的迈步，前几任校长及其领导班子和所有在桂江一中工作过的教职员工都功不可没。一个学校的发展和变化，有它的必然性，是特定时期教育环境变迁的必然结果。我任职的这几年，正是全国各地教育综合改革酝酿和启动的时期，桂城街道、南海区以及佛山市的教育行政部门提供了宽松的环境和条件，各级领导为桂江一中改革排忧解难，关心备至，全体家长积极配合，全体师生员工共同努力，促进了学校的发展。今天，简单地将学校的成绩放在我的述职报告里面，很是唐突，请大家多多包涵，说得不对的地方请批评指正。

业绩如何，成就怎样，对个人来讲，其实也不过是一些平常往事，回顾一下，找一些灵感，慰劳一下自己此时此刻的心情，如此而已。但是，对一个单位来说，业绩是比较重要的一件事，不说是不行的，因为它凝聚了很多人的心血。其实，作为桂江一中的一员，我们每个人都应该坐下来好好总结一下这几年来的工作，对我们自己、对我们的学校尽到我们的责任。

回顾桂江一中的这几年，我感觉到自己非常幸运。其中，最幸运的一件事，就是“练评讲”教育模式在推行过程中得到了在座各位的鼎力支持，在此，表示衷心的感谢。祝各位身体健康，工作顺利，家庭幸福，万事如意。

让学生跑在老师前面，做最好的自己

——2011年9月桂江一中“练评讲”教育改革情况汇报

一、学校基本情况

桂江一中1990年成立，时为桂江中学。2001年学校分为桂江一中和桂江二中，留在旧校址（南五路20号）的就是桂江一中。2009年9月，桂江一中搬迁至南新三路1号校址（原桂城中学校址），进入了一个新的发展阶段。目前有学生2468人，教职员工210人，占地面积27687平方米，建筑面积29238. 23平方米，是“广东省一级学校”“广东省信息学十强学校”。

校训“自信自强，务实进取”，从心理和行为两个方面引导学生开拓进取。校徽北斗七星图案，预示着学校将打造引领性的文化。育人目标是“铸就领袖气质，磨砺学者风度”，这是打造引领性文化的具体要求。

2007年9月以来，学校以“‘练评讲’教学法行动研究”为契机；以创建并实施“练评讲”教学模式、班级分组助教管理模式和“练评讲”特色育人模式为主要内容；以“让学生跑在老师前面，做最好的自己”为育人方向，开展了“练评讲”教育教学改革活动，取得了显著的成效。

二、让学生跑在老师前面，再造教学流程

长期以来，老师教，学生学，学生跟着老师走，这是中国传统学校教育的最鲜明特点。今天，在教育改革浪潮的推动下，我们能否让学生跑在老师的前面，而不是被老师赶着走呢？答案是肯定的，因为老师的“教”是为了学生的“学”，学校终究是学生“学”的园地。为了获得良好的学习效果，学生就应

该跑在老师前面。更何况，今天的社会，无论是生产方式，还是生活方式都已经多元化。“老师教—学生学”只能算是学生“学”的一种方式，不可能是全部，所以教学改革势在必行。

为此，我们确立了“让学生跑在老师前面，做最好的自己”的课程改革方向，同时对“名校”“名师”也进行了导向性的解读。我们觉得“名校就是最善于给学生搭建舞台的学校”“名师就是最善于把学生推向前台的教师”“让学生跑在老师前面，做最好的自己”的“让”字，强调了学校和教师要以学生的最优发展为中心设计教育教学活动，以学生最好的发展为本，创造符合学生的教育。“跑”字和“做”字，强调了教育活动要充分发挥自主实践和亲身体验在学生成长过程中的积极作用，倡导学生自主实践，倡导学生亲身体验。而“名校”和“名师”的有关表述，强调了无论是“名校”还是“名师”，都是“让”“跑”“做”的必然结果。

灌输式教学方式存在诸多弊端，教师“满堂讲”“满堂灌”的现象尤其普遍，若任其发展，往往会不知不觉抹杀学生的探究意识，加上缺乏监督机制，本该属于学生的那一部分课堂空间往往被挤占得所剩无几。改革灌输式的教学模式，倡导“练评讲”教学法，正是为了把课堂还给学生，把学习还给学生。

所谓“练评讲”教学法，就是以“学生先练—助教点评—教师后讲—小组竞赛”为主要特征，以班级分组助教管理为依托的教与学相结合的组合运作方法，包括两种基本操作模式。

一是“练评讲”教学模式，即“学生练—助教评—教师讲—小组赛”的课堂操作流程，学生先练，助教（此处专指当小老师的学生）再评，教师后讲。这种模式注重发挥学生的主体作用，有利于培养学生的自信心和主人翁精神。而“小组赛”则像一条主线，贯穿整个教学过程，可以激发小组竞争的活力，有利于培养学生的社会责任感和团队合作精神。我们把学生“练”的环节前置，并且设置了助教“评”的环节，学生“练”在先，老师“讲”在后，完全符合“不愤不启，不悱不发”的启发式教学思想，有利于培养学生的创新精神和实践能力。

二是班级分组助教管理模式，即把一个班分成五个学习小组（我们叫助教小组），每个小组通过竞选方式产生正助教一名，学科助教若干名，做到了人人都有助教岗位，个个都可以成为班级助教。班级以助教小组为单位实施管理和评价。助教小组要轮流值日、轮流主持班会课和家长会。助教小组内部，同学之间结成帮扶对子，互助互学；助教小组之间，开展各项评比和竞赛，包括课堂学习表现评比、体育卫生工作评价、宿舍纪律评比等。学生实现自主管理，班主任从教练员转变为裁判员。这种管理模式将学生推向班级管理的前台，有效地解决了长期以来灌输式教学模式和灌输式德育模式的诸多弊端，调动了教育主体自主实践、自我教育的积极性。

桂江一中数学科组长唐耀和老师在一篇文章中写道："将一个班分成五个小组后，每个小组大约有十人，而每个小组的正助教和学科助教充当了小老师，他们可以对小组其他成员进行辅导，每个小组是一个相对独立的组织单位。这样，一个大班就变成了五个小班，学生可以在课堂上自主实践，可以同伴互助，可以发表自己的意见和看法，张扬了个性，发展了个性。这样，我们在现有班额条件不变的情况下，换一种方式，实现了小班化教学目标。"

"练评讲"教学法，不仅为学生跑在老师前面提供了流程保障，而且实现了教学方法与班级管理方法的有机统一，打破了长期以来教学与德育改革不协调的困局，实现了教书育人和管理育人的有效对接。在这里，教学促进德育，德育保障教学，两者共同作用，相互协调，为学生发展服务。2010年8月12日至15日，龙海平校长应邀在由北京师范大学主办的首届"积极心理学与教育国际研讨会"上演讲，我们的教学模式与德育模式有机结合的创新做法，引起了国内外专家的关注。2009年以来《中小学心理健康教育》《广东教育》《佛山教育》《南方都市报》《珠江时报》等多次刊发相关文章，中央电视台、佛山电视台、桂城电视台等从不同角度多次报道我们的改革成效。

三、让学生做最好的自己，重寻教育本源

学校教育不能局限于课堂和班级，应当涵盖校园生活的方方面面，至少要顾及学生、教师和学校等多个层面，否则难以形成合力。为了进一步提升学校教育的实际效果，拓宽育人渠道，更好地实践"让学生跑在老师前面，做最好的自己"的教育理念，我们深入挖掘"练评讲"教学模式和班级分组助教管理模式的精神实质，在此基础上，创立了以"练评讲"教学模式为依托，以"自主实践—同伴互助—名师指引—合作争先"为主要内容，以"培养公民风范、领袖气质和学者风度"为育人目标的育人模式，我们称为"练评讲"特色育人

模式。

教学工作是学校的中心工作，教学质量是学校的生命线。初中阶段的学校，由于生源的特殊性（划片招生或电脑排位，生源不可以选择）与义务教育的强制性以及普及性交会在一起，形成了学生相对难教、学校相对难管的态势。当中考成绩依然还是家庭、学校和社会关注的焦点时，千方百计提高教学质量成为初中学校走出困境的必然选择。换言之，当下初中学校进行教育改革，不应该回避教学问题，也不可能绕开教学质量这道坎，否则难免会卷进"素质教育轰轰烈烈，'应试'教育扎扎实实"的怪圈。

我们的"练评讲"育人模式以"练评讲"教学模式为依托，牢牢把握课堂教学这样一个素质教育的主阵地，让学生先练，尝试错误；让学生再评，同伴互助；让小组竞赛，合作学习。一个"让"字，把学生推向了前台，把老师藏在了幕后。前台出英才，幕后出高手，顺乎自然，回归常态，教学质量提升水到渠成。这不仅为学生找到了应试能力提高与综合素质提升的结合点，而且能使学校的教育改革在提高教学质量的基础上扎实推进。实际上，这正是我校几年来教育改革工作能顺利推进，并逐步得到大家认可的一个根本原因。

几年来，我们的中考成绩始终停留在南海区公办学校的高位上，学科竞赛更是全面开花。体育和艺术综合评价连续多年位居桂城所有初中学校中的第一；信息学竞赛连续四年位居广东省所有初中学校中的第一；动漫作品参赛多次夺得广东省团体第一名和全国团体第一名的好成绩。学生的自主管理能力和自主学习能力提升尤为突出。

华南师范大学未来教育研究中心汪晓东博士，在做桂江一中毕业生追踪调查时发现：在新的培养模式下，学生经历"练评讲"育人模式洗礼，毕业生的发展后劲强。在南海几所重点高中的学生会的骨干分子有半数来自桂江一中，且学习成绩名列前茅。如2011年高考，以677分的成绩夺得南海理科第二名、佛山理科第三名的宋扬，就是来自桂江一中的毕业生。目前正在南海一中读高二的邝子凌同学，高一时就被破格选拔学生会副主席。竞选当天，她落落大方和自信的表现，赢得评委高度赞赏。"桂江一中三年助教经历，使我像小老师一样，站在讲台前，给全班同学评试卷、讲试题，在无数次的锻炼中，我的胆量和口头表达能力有了明显的提升，我已经不再害怕公开演讲，甚至演讲时都不用打草稿。同时，提升了我的自主学习能力，提高了我的管理、沟通能力。"

邝子凌认为桂江一中三年学习给予了她足够的底气。她自豪地说："竞选演说的时候，其他同学都是拿稿子念，有些甚至念都念不好，只有我一个人是脱稿演讲。无论是语言表达还是仪态表情，都让评委老师感到惊奇，那一刻，我真的既自信又自豪。感谢母校桂江一中的培养，特别要感谢助教这种方式对我的锻炼。"

教育改革说到底，无非要解决两个核心问题：一是培养什么样的人，二是如何培养。关于"培养什么样的人"的问题，中小学的培养目标一般都比较一致，基本上都是实施素质教育、促进学生德智体美劳全面发展之类的提法，鲜有学校个性化的目标，导致千校一面。

我们觉得，既然是学校的培养目标，就应立足于学校实际。合适的培养目标，应该是在坚持党的教育方针的指引下，既立足当地实际，又切合经济社会发展需要的培养目标。我们生活在市场经济比较发达的珠江三角洲腹地，坐拥一个比较开放的社会环境条件。我们的孩子对将来如何就业、如何参与竞争、如何发展等问题一点都不陌生，他们不难理解管理能力和自主学习能力的重要价值，所以我们提出"公民风范、领袖气质和学者风度"这样一个培养目标。希望孩子们在初中阶段就磨炼出一定的管理素养和自主学习习惯，掌握一些终身受用的最基本的东西，通过自身努力，成就最好的自己。

"领袖气质和学者风度"不是要求孩子个个都要去做领袖或学者，不是所谓的"精英"教育，更不是抛开素质教育、抛开全面发展独辟蹊径，而是希望孩子们从现在开始，个个都学会立足于自身实际，选择一个适合自己的"助教"岗位，勇于实践，磨炼出一定的管理素质和自主学习能力，做最好的自己。学校有足够多"助教"岗位让孩子们选择，只要愿意做，谁都可以"铸就领袖气质，磨炼学者风度"。

关于"如何培养"的问题。我们认为"自主实践—同伴互助—名师指引—合作争先"是一条合适的路，这种育人模式，同我们传统意义上的"老师讲—学生听""老师教—学生学"的灌输式的育人模式区别开来，充分肯定自主实践、同伴互助、名师指引、合作争先机制在人才培养中的积极作用，主张顺应时代发展，创设育人机制，拓宽育人渠道，促进学生全面而有个性地发展，做最好的自己。

"练评讲"特色育人模式之所以能为学生"做最好的自己"提供保障，是因为我们已经建立了五个保障机制，从不同层面，明确了学生、教师和学校的具体任务和要求。

“练评讲”特色育人模式的第一个操作机制是学生的自主实践“练”的机制。知识可以通过多种方式习得，能力却不一样，离开了亲身体验和实践经历，无法形成，所以我们鼓励学生自主实践、亲身体验。课堂上，我们设计“练评讲”教学流程，让学生先练习、再评、尝试错误，老师后讲，释疑解惑；班级里，我们设计“班级分组助教管理”的管理流程，让孩子们在自主实践的氛围中体验成长、学会成长。

“练评讲”特色育人模式的第二个操作机制是学生的同伴互助“评”。古人云：“独学而无友，则孤陋而寡闻。”人的成长需要朋友的支持和帮助，同伴互助的积极作用无须赘述。我们倡导“助教他人，快乐自己”的互助理念，在小组里，让孩子们结对子帮扶；在班级里，让学生小组合作；在学校里，让各年级成立助教协会。同伴互助，蔚然成风，助人自助，成为共识。

“练评讲”特色育人模式的第三个操作机制是老师的名师指引“讲”。一个好老师，应该是善于把学生推向前台的老师。名教师之所以有名气，是因为他们不仅善于给学生很多展示才华的机会，还善于给学生很多尝试错误以及改正错误的机会，学生有困惑都愿意请他们指教和引导。即使学生离开学校很多年了，还乐意同别人谈起从他们那里获得的良好教育。真正的名教师是学生认可出来的。我们的“练评讲”教学模式和班级分组助教管理模式都让教师朝着这个方向去努力。我们的学科教师操作“练评讲”教学流程，给了学生很多自主实践的机会，学生的自主学习能力在他们的指导下不断地得到提升。我们的班主任操作“班级分组助教管理”流程，在班级里让学生走向管理的前台，学生的管理能力在他们的培育下不断得到增强。我们的“名师指引”机制，做到了培养目标和实施策略紧密结合、教师培训和学生培养紧密结合、教师管理与学生管理紧密结合，非一般传统意义上的教师培养机制所能相比的。

“练评讲”特色育人模式的第四个操作机制是学校的合作争先“赛”的机制。我们要做好一件事情，仅有目标任务和过程是不够的，还需要建立一个有效的评价系统，引导大家后进学先进，先进帮后进，营造一种良好的氛围，进而形成一种良好的文化。有了文化保障，才可能出现长江后浪推前浪的持续发展态势。我们已经建立了以公民风范、领袖风范和学者风范为核心的评价制度，这个评价制度有一个基本的导向，就是鼓励学生和教师学会用合作的方法去竞争，在团队合作中完善自己。从学生管理的角度看，我们很重视对学生学习小组的评价，关注每个学习小组的进退步情况，从教室到饭堂，再到宿舍，乃至校外生活，只要是学生的学习活动，我们都贯穿这样一种评价导向。从老师管理的角度看，我们很重视对学科备课小组和年级组的评价，关注每个学科备课组和年级组的进退步，从教学到德育，再到各种兴趣辅导活动，只要是老师的工作项目，我们都坚持集体评价这一基本的评价思路。“合作争先”让更多的学生收获自信心，让更多的教师收获归属感，让桂江一中步入和谐发展的快车道。

“练评讲”特色育人模式的第五个操作机制是“自主实践—同伴互助—名师指引—合作争先”整体协调的育人机制。自主实践，“练”的机制是育人的前提；同伴互助，“评”的机制是育人的有效方式；名师指引，“讲”的机制是育人的重要保障；合作争先，“赛”的机制是育人的重要方法。几年来桂江一中在“练评讲”特色育人文化的熏陶下，学生自信自强，教师务实进取，学校和谐发展。优异的办学业绩赢得了教育行政部门、学生、教师、家长以及社会各界人士的广泛赞誉。

我们的“练评讲”教育教学改革，突出体现了“让学生跑在老师前面，做最好的自己”的改革方向，实现了教书育人、管理育人和文化育人的有机结合，形成统一的整体。它从实践中发展起来又经过实践检验，非常适合珠三角地区学校发展的实际，具有较好的推广前景，可以成为学校实施素质教育的有效途径，对推动区域教育的均衡化、优质化发展具有特殊意义。

四、存在的问题和下一步的努力方向

尽管我们的教育改革实践取得了一系列的成绩，但是，我们在工作中依然存在不足，面临着新的挑战。

（一）师资培训问题

一方面，由于受到经费的制约，“请进来”和“走出去”的培训机会不是很多，教师的教育视野具有局限，在一定程度上也影响了教师参与教育改革的热情。另一方面，由于我们运行的是新模式，无论是学科教师还是班主任都面临着再学习的挑战。今后学校将进一步创造条件，着力解决教师培训过程中的经费紧张问题，认真探索校本培训新思路。

（二）模式的推广运用问题

我们经过努力建立起来的具有桂江一中特色的教学模式和教育模式，要想进一步完善，单靠一所学校的实践还远远不够，需要让更多学校参与研究和实践，这样才有利于集思广益，逐步走向成熟，为教育改革发展做出贡献。今后我们将拓宽对外交流途径，同更多学校开展“同伴互助”，进一步深化教育教学改革，让“让学生跑在老师前面，做最好的自己”的教育理念绽放出更加绚丽的花朵，同时，我们将借助各种调研机会，接受名师指引，虚心听取专家意见，正视工作中的不足，努力改进工作方式和方法，提高教育实效。

名校的文化魅力

——在学校教育论坛上的演讲

宇宙万象千变万化，可以用“错综复杂”来描述。名校存在与发展的过程，同样也是一个错综复杂的过程。我们希望透过这个错综复杂的现象来了解名校是怎样形成的。有没有一个简单的方法？当然有。这个方法叫作“道”，也叫“一阴一阳分析法”，我们老祖宗早就告诉过我们，任何错综复杂事物的背后，都存在一种宇宙变化的基本法则，叫作“一阴一阳之谓道”。任何一种事物都有其存在的两种基本方式，一是外在形式，叫作“阳”；二是内在形式，叫作“阴”。是阴和阳的交互变化构成了事物发展的整体，正如0和1的交互作用构成浩瀚无边的互联网世界一样。正因为这样，我们可以用一阴一阳的方法来寻找某种事物发展的规律。那么名校的成长，它“阳”的表现在哪里？“阴”的表现在何处？我认为名校的成长“阳”的表现在强势文化，“阴”的表现在厚德文化，是强势文化和厚德文化的相互融合，产生名牌学校。

一、名校需要强势文化

名校就是名气大的学校。名气从哪里来？名气由我认可、你认可、他认可、大家都认可而得来。要让大家都认可，特别是持续地认可，也就是说随着时间的推移不仅不被否定，而且得到加强，这不是一件容易的事。这需要学校保持一种强劲的发展势力，我简称其为“强势”。为了强势而把各种策略综合起来，我把它叫作“强势文化”。所以强势文化是铸就名校的第一个重要条件，也是名校生存和发展的基础。

怎样打造强势文化？我认为最根本的是要让学生具有强劲的发展势力，名校的强大最根本的是学生的发展强势。任何一所名校都毫无例外地因为学生强大而出名。所以强势文化的建设必须直接指向学生，然后才是教师，最后才是学校。因为教师强势，学生不一定强势，有时候强势的教师反而会成为学生发展的障碍。教师的工作本质上是通过对学生的成就做出评价。学校对学生的培养是通过教师的工作来落实的，所以我们要走“学生强—教师强—学校强”的发展道路。

首先，学生要自信自强。这是必不可少的心理条件，所以必须培植自信自强为主要特征的学生文化。因为学生强终究是在一定的环境条件下自身努力的结果，所以学校要为学生自信自强提供实践平台。我们为学生提供两个平台，一是管理能力实践的机会，把他们推到学校管理的前台，实施班级分组助教管理，人人都有机会当干部、学管理，铸就领袖气质；二是超前学习能力实践的平台，人人争当小教师，在超前学习、尝试错误的过程中，磨砺学者风度。前者帮助他们发展情商，后者帮助他们发展智商。两者相结合，促使他们成为具有强劲发展势头的人才。因为教学是一个有机的操作系统，教师要为学生提供表演的舞台，把课堂发展的权利让给学生，做幕后推手。所以，我们要创新课堂教学模式，推行“练评讲”教学法，为学生强势发展铺平道路。

其次，教师要务实进取。打造强势的教师文化，不能完全依靠学生，教师自己要务实进取，用实力说话。一是要务实地对外竞争，展示自我，主动迎接各种各样的评比和竞赛的挑战，争取在各种竞争的机会面前获得好成绩和好评价。做到最好，展示出竞争的力量，对外竞争的实质就是“争”，用实力去争取，所以我们鼓励教师创造条件，申报课题，争取获得南海区骨干教师称号。二是要务实地对内合作，完善自我，要用心建立良好的同事关系，能忍受、能吃亏、能谦让、能付出。对内合作的实质是“让”，要善于把名和利让给内部的同事，不要在内部争功夺利，功劳永远是“让”出来的，因为公道自在人心，一张纸能说明什么？优秀又能怎样？在内部争夺，永远不会有出息。

最后，学校要舒心和谐。学校强也不能单靠学生和教师，学校要创设舒心和谐的文化氛围，怎样做？一是要重视宣传工作，满足师生自我实现的需要，自我实现需求得到满足的时候，就是大家最舒心的时候。所以教师和学生取得了成绩时，学校不可视而不见，一定要加大宣传力度，不要怕教师和学生有名气，因为教师和学生的名气就是学校的名气，名气大到一定程度，自然就成就了名校。名气这个东西，终究要从人们的口里说出来，但是人都是自私的，单位也是自私的，谁都希望或者相信自己的比别人好。所以好的东西自己不宣传，别人也不一定愿意宣传。我们得学会运用各种宣传手段，把我们学校老师和学生取得的成绩以及学校拥有的优势告诉大众，让更多的人了解我们、认识我们，等到大家都认识了，人们自然会进行比较，这一比较就会有评价和议论，真正的强者就会在评价和议论的氛围中被大家公认，名校就自然而然地涌现出来了。二是要重视培植核心竞争力，让团队和谐。任何一个成功的企业或者实业都不可避免因被效仿而失去竞争的优势。后来者容易居上，这是一个不争的事实。所以说创业容易，守业艰难。学校要想在今后的岁月里持续地获得大家的认可，就必须打造核心竞争力，培植那些让别人效仿不了的东西，只有别人效仿不了的东西才是核心竞争力。哪些东西效仿不了？唯有独特的团队思维能力、厚重的团队文化底蕴、高效的团队执行能力，这些东西需要时间磨炼，难以模仿。或者说做到形似容易，神似艰难，这些东西总和起来叫作“学校的管理文化”，管理文化这个东西，只能培植，不能移植，所以培植学校管理文化就是培植核心竞争力，只要核心竞争力在，名校的效应就会长久存在。

二、名校需要厚德文化

没有名气的人追求名气，但名气这个东西不是所有人都能承载得起的。学校也同样会面临这样的问题，要想成就名副其实的名牌学校，就必须打造厚重的德行修养，我把它称为“厚德文化建设”。学校是否厚德，可以通过教师表现出来；教师是否厚德，可以通过学生表现出来。文化品质厚重的学校，教师和学生表现出来的德行是与众不同的。那么怎样做才能让学校的德行厚重起来呢？我们要引导老师和学生从三个方面去努力。

首先，价值取向要高。有一个小学毕业生，信息学比较好，好几个学校都争着要录取她，给了她很优惠的条件，她的妈妈拿不定主意，问了我们学校的某个老师，这个老师说了一句话，她最终决定到我们学校。这个老师说：“如果你只是希望小孩考石门中学，我觉得去哪里都可以，因为你小孩本身有这个实力；如果你希望她将来进入中山大学以上的重点大学，比如清华或者北大的话，最好选择桂江一中，因为刘凤兰有这个实力帮助她创造这个条件。”我们这个老师的价值取向就是比较高的，一句话点醒梦中人。那个家长不仅把小孩送来了，还到处说桂江一中教师的境界高。只有价值取向高的人，才能讲出令人信服的话。我们是名校的老师，我们给学生说什么？我们可不可以对他们说，你们是很聪明的学生，能进入桂江一中读书是你们一辈子的福气，希望寄托在你们身上，愿你们像北斗七星一样，成就领袖气质和学者风度，将来很好地报效国家。

其次，人格品位要高。人格就是角色，人格品位就是角色定位。我们初三有一个同学对分班不是很满意，因为她刚好处于边缘，家长闹着要转学，我们的教师就对她说：“这是一个不可以改变的事实，我们非常乐意帮助你的小孩走出困境，如果你执意要转学，争一口气，我们也会尽快帮助你做好各种资料，以免耽误小孩的学习，但我作为老师，确实为你的小孩前途担忧，我估计你很难找到像桂江一中这样关心你小孩的老师了。”结果家长不仅打消了让小孩转学的念头，还非常感谢这位教师。这位老师的人格品位真高，她能站在学校的高度想，又能站在学生成长的高度说话。如果换一个人格品位一般的人，可能会说：“天下哪有什么公平的事，我帮你找找校长看看能不能改，反正你成绩又不差。”如果再换一个人格品位更一般的人，可能会说：“都是这样的哪，教师子弟可以选择，可惜你不是我们学校的教师子弟。”人格品位高的人会顾全大局，不会让单位和同事难做，知道怎样说话。人格品位不高的人，往往几句话就把人际关系搞得非常紧张，有的人不说别人的坏话就不舒服。说白了，人格品位高的人有时间说别人好话，没有时间说别人的坏话。人格品位低的人正好相反。所以我们要教育学生争做人格品位高的人，让他们的人生充满幸福。

最后，是生命体征要强。厚德需要身体好和心理健康来支撑，所以我们学校不能忽视体育锻炼，不能忽视心理健康教育在学校成长中的地位和作用，在我们迈向名校的历程中只能加强，不能削弱，今后我们将鼓励更多的教师去学B证、A证。

厚德是一个漫长的过程，我们大家要时时相互提醒，用心体验才会有所进步。因为知识可以通过学习获得，技能可以通过练习获得，唯独德行和品行只能通过修炼才能获得。

强势文化和厚德文化是名校成长必须具备的两个条件，是名校文化魅力最集中的表现，要成就名校就一定要在打造强势文化和厚德文化上下功夫。用《周易》的两句话来说，就是“天行健，君子以自强不息；地势坤，君子以厚德载物”。

向管理创新要质量

时间：2009年12月29日下午

地点：佛山市三水区健力宝中学

一、如何看待教学质量

一个学校教学质量的高低是如何衡量的？人们习惯上用考试分数来衡量。实际上考试制度是当今中国最权威、最公平的一种评价制度，目前还没有找到比考试更好的评价方法，即使有，操作起来也难以得到人们的认可。原因有两个方面。一是历史原因，科举制度对中国文化影响深远。它创始于隋，确立于唐，完备于宋，鼎盛于明，随后走向衰落，至清光绪三十一年（1905）被废除，经历了1300年之久。二是现实原因，中考也好，高考也好，如果不用分数来衡量的话，社会公平可能会受到很大的挑战，这是中国国情。因此，学期末统考成绩、各个级别的竞赛成绩、初高中的升学考试成绩，毫无疑问会成为当前教育系统内部和社会各界衡量一个学校教学质量高低的重要指标。

我们为什么要关注自己学校的教学质量？因为各种指标一旦被人们认同之后，就会产生马太效应，影响学校的发展。指标比较高的学校，人们就会认为是“好”学校，接下来这个“好”学校的发展机会会越来越多。

尽管马太效应是人类社会发展的正常现象，优胜劣汰，大江东去。但是处于困境中的学校未必就没有机会，处于前列的学校未必就可以高枕无忧，因为制约着学生考试分数高低的因素实在太多，只要其中的某一个因素发生变化，学生的考试分数就会发生变化。许多薄弱学校就是通过改变其中的一个或多个因素，一跃成为名校的。如洋思中学和杜琅口中学，以及我任职过的石肯中学。同样道理，由于影响教学质量的因素是会变化的，所以优秀学校也不敢怠慢，它们同样要高度关注各项测评指标，想办法提高教学质量。实际上优秀学校的校长和教师也比较辛苦，压力也比较大。

那么，影响一个学校教学质量高低的因素有哪些？我们尝试着用“三分法”来分析一下。

第一，学生因素。学生智力水平差异影响学生成绩，但是研究表明青少年的智商水平大多处在90～100正常的区间内，所以这个不是主要因素。非智力因素差异影响学生成绩，研究表明，不同文化教育环境对学生的非智力因素的培养存在明显的差异。课前、课中、课后的学习习惯如何？假期学习习惯如何？不同学校的学生行为是有明显差异的，因此团体行为习惯直接影响学生的学习成绩。

第二，教师因素。教师个体素质影响教学质量，这是肯定的，但并不是最主要的，因为教学对学生来说终究是多个学科协同作用的过程。因此教师整体的协作状况和教学行为习惯是影响学生成绩的间接因素。不同学校的教师由于受到不同习惯的约束，他们在责任心、勤奋度、备课、上课、作业批改等的行为习惯上也有明显差异，这些差异的存在间接地影响了学生成绩。

第三，学校因素。不同学校的地理环境、人文环境奠定了不同的文化基础，而管理者，特别是校长的办学理念、处世风格形成了不同的管理文化，这些管理文化以各种形式表现出来，影响着一个学校的前途和命运，可谓一方水土成就一方事业，因此以校长为代表的管理层的管理行为习惯成为影响学生成绩的最关键的因素。事实上，洋思中学和杜琅口中学毫无例外都是通过加强管理，创新管理思路，从根本上改造学校文化来提高教学质量，最终实现跨越式发展的。由此我们可以得出一个结论：管理创新出质量。

二、如何向管理创新要质量

管理创新是什么？简单说来就是管理者为实现管理目标对管理行为做出调整或改变的实践活动，包括观念创新、制度创新、行为方式方法创新等内容。

什么样的管理创新容易出质量呢？因为管理的最高境界是文化层面的管理，所以只有触及文化管理创新才能大幅提高质量。

那么怎样向管理创新要质量呢？下面结合学校实际谈一谈我的理解。

（一）向管理创新要质量必须端正管理态度

态度很重要，态度决定高度，高度决定思维，思维决定习惯，习惯决定成败。可见端正态度是管理创新的首要条件。怎样衡量一个管理者的态度是否端正？我觉得可以用四个字来衡量。一是“勤”字，看他是否勤观察、勤检查、勤思考、勤在师生中露面。二是“实”字，看他为人是否实在，做事是否踏实，管理是否务实。管理创新，不可以急功近利，做表面文章，上要对政府国家负责，下要对学生、教师的发展负责，还要对学校的持续发展负责，所以务实很关键。三是“细”字，看他是否细心、细致、仔细，管理光有大方向不行，还得注意细节。创新也不一定是全部推倒重来，更多的还是在细节上的调整，所以我们要做好细节。老子说“治大国如烹小鲜”，心细才能干大事，细节往往决定成败。四是“恒”字，看他是否能持之以恒，能否知难而上。见困难就躲，做事有始无终，根本就不具备管理创新的基本素养。实际上，创新过程考验每个管理者的意志力，只有不怕困难的人才能做到管理创新。我们把勤、实、细、恒作为管理者要遵循的四个原则确定下来，要求行政、级长、学科组长认真落实，目的就是要端正每个管理者的态度。

（二）向管理创新要质量要有战略高度

战略高度是什么？战略高度就是现在与未来的距离。怎样去把握战略高度呢？首先要分析现在，用战略分析法看一看现在所处的学校有哪些优势、哪些劣势，有哪些机会、哪些威胁。把问题看清楚。其次要分析未来。未来在哪里？未来在学校文化实力里，不同的学校文化影响着人们的行为方式，产生着不同的行为结果，这叫“文化力差异”。如果一个学校师生的行为方式是积极的，对学校的发展目标是一致的，那么这个学校的文化力比较好，它的发展前景就是光明的，否则就容易出现停滞或倒退，可见文化力是支撑学校发展的核心动力，是学校发展不可或缺的精神力量。最后是要把现在与未来联系起来一起考虑，采取措施提升学校的文化力，促进学校发展。

怎样提升学校的文化力？我觉得要回答好三个问题：一是问题在哪里，二是从哪里切入，三是策略是否有效。我先后到过两所学校任校长，第一所学校石肯中学，是农村学校。问题在哪里？在于学校小、教师少，教研、科研活动长期薄弱，这种情况必须改变。从哪里入手？就从这个最薄弱的地方入手，于是带领全体老师开展课题研究，主持“中难度题型搭台训练教学研究”，人人参与命题，人人上研究课。策略是否有效？课题成果获广东省教育学会十五科研课题评审二等奖；连续两年（2006年、2007年）中考成绩居桂城第三名，南海区前十名；还出了公办学校中考第一名梁海杰，2009年这名同学高考获得广东省化学类总分第一名；更值得骄傲的是2007年中考总分平均分和及格率排南海区公办学校第一名。

2007年9月至今我任桂江一中校长。问题在哪里？我们一起来分析。

从哪里切入？桂江一中同石肯中学的情况恰好相反，科研、教研氛围比较好。就从最有优势的地方入手，以课堂教学改革为突破口，为此，实施了三大策略。一是创新教师管理机制，推行“练评讲”教学法，打造务实进取的教师文化。二是创新学生管理机制，实施班级分组助教管理制度，培植自信自强的学生文化。三是创新学校管理机制，改革评价方式，完善激励机制，建设舒心和谐的管理文化。

策略是否有效？我们按照这三个策略方向开展工作，具体情况如下。

三年来，推行“练评讲”教学法，学生先练后评，教师先评后讲，老师到位，但不越位。让教学回归自然，教学的生态环境得到保护。教育科研成为教师的一种行为习惯，勤奋务实的工作作风随处可见，教师发展步入快车道。三年前，学校只有2位南海区骨干教师，现在学校拥有区级（2009—2011年）以上骨干教师9人，位居南海所有初中第一，拥有桂城街道骨干教师20人，位居桂城所有初中第一。

三年来，我们以建立学生助教制度为切入点，培植自信自强的学生文化，磨炼学生的领袖气质和学者风度。在课堂教学中学生获得走上讲台等很多锻炼的机会，可以去主持“练”“评”“讲”“赛”一个或多个环节的课堂教学活动。在班级中，学生获得自主管理的机会，班级充满了生机。2009年中考成绩位居桂城公办区第一，28人进入南海区前600名，位居南海区公办学校第一。2010年中考成绩位居桂城公办学校第一，并遥遥领先。2011年中考，38人进入南海区前600名，再次获南海区公办学校第一名。三年来，我们学科竞赛成绩更是辉煌，青少年信息学竞赛连续两年获广东省团体第一；电脑制作比赛获得全国初中组团体第一名；游泳、女子篮球队已经连续两年获南海区初中组冠军；各学科比赛在南海公办学校占据第一位。

三年来，我们尝试着建立激励机制，创设舒心和谐的管理文化。对教师评价，我们以备课组为基本单位，坚持对外竞争、对内合作的评价导向，引导备课组教师正视个体差异，学会赞赏，学会合作。对学生评价，我们以学习小组为基本单位，以小组竞赛为基本方式，引导学生走同伴互助、合作学习的道路。“助教他人，快乐自己”成为一种风尚。

（三）向管理创新要质量要选择角度

因为角度可以转变观念，角度可以创造奇迹。我们整天说要转变观念，但没有人告诉我们如何转变观念，最简单的方法就是转变思考问题的角度。下面介绍五种方法。

角度一：把复杂的问题简单化，也是创新。审视我们的教学管理，抓住关键问题不放，照样可以提高质量。

对学生管理来说，哪些东西是需要抓住不放的？是学习习惯，我们要用心去培养学生的学习习惯。怎样培养学生的学习习惯呢？这不仅靠引导，还要靠制度来保障，所以确立一些制度很有必要。比如课前读书制度，能保障学生快速进入学习状态。上课预备铃一响各班就要读书，这是一个好习惯。课堂练习制度，保障每节课都有练习，人人都要动笔。课外作业登记制度，没有完成作业的要主动接受处罚。自主学习制度（也叫“超前学习制度”），可以引导学生超前学习，主动学习，每学期开学有一次超前学习测试（包括初一新生）。学校对测试成绩优秀的学生进行表彰，搞得很隆重，测试的内容全部是没有学过的知识或者课外内容。我们鼓励学生超前学习，传播一种“一步领先，就可能步步领先”的基本理念，让学生成为学习的主人。

对教师管理来说，哪些东西是比较关键，是需要我们抓住不放的？我认为有两个能力是非常重要的。一是命题能力，一位老师能命好题目，他需要具备几个基本条件：熟悉教材、熟悉课程标准、熟悉学生。二是用题的能力，怎样通过题目训练提高教学效果，这个很重要。题目出好之后，不能一把甩给学生了事，得为学生解决问题搭建平台、提供舞台、铺垫台阶，让课堂轻松和愉快起来。这个需要艺术、需要魅力，更需要团队合作来完成。所以我们很重视备课组的命题、审题和用题工作。我们不检查教案，但我们要评价命题、要研究用题。

角度二：把简单的问题复杂化。

学生方面，我举两个例子。一是欠交作业的处罚制度我们搞得很复杂，规定欠交作业次数达到3次，学科老师要见家长；达到5次，班主任要见家长；达到10次，年级领导要见家长。欠交5次，周五要留堂，屡教不改的，家长要带回家反思。故意把欠交作业的问题复杂化，让学生知道欠交作业是一件很麻烦的事情且欠交的成本高。对问题学生的处理，德育处的程序也故意把它复杂化，让学生知道违反了纪律，一家大小，少则一个星期，多则半个月甚至更长时间都不得安宁。违反纪律的程度同解决问题所要付出的时间、精力的成本是成正比的，教训也是相当深刻的。偷懒的学生有一个共同的致命弱点，就是怕麻烦，他偷懒一次，你就让他付出几倍的代价，他自然就不会选择偷懒。二是学生请假我们也搞得很复杂，在我们学校，学生要请假是比较麻烦的一件事情。学生要请假，首先是班主任批，其次是级长批，再次是宿管组长批，最后是德育处批。很多学生因为怕麻烦，所以不会轻易请假。

老师方面，我也举两个例子。一是办公室及座位安排我们搞得很复杂。办公室及座位安排要经过年级领导小组集体讨论报校长审批，我在审批的时候要问三个问题：为什么要这样安排？这种安排对年级的管理利弊何在？该“关照”的人你们是怎样关照的？我们为什么要把办公室安排搞得那么复杂，并且密切关注办公室纪律的执行情况？有的人缺乏自我约束能力，如果他在办公室别人就无法办公，这样的人尤其要特别“关照”。我们曾经给两个老师独立的办公室，后来他们意识到学校“关照”的特殊内涵，要求回到大办公室办公，从此以后，就像变了一个人似的。有些问题实际上只需要做，不需要说。二是大测的安排，我们做得仔细，做得认真。命题人的选择是单线联系，严格保密。命题的要求、字体、字号、版式都是不能更改的，平均分和及格率的控制都有明确的规定，试卷制作、监考、评卷和登分都很规范，这有利于培养教师严谨的作风和负责任的习惯。如果说把复杂的问题简单化是科学的话，那么把简单的问题复杂化就是艺术。管理创新不能只讲科学，不讲艺术，要学会两者兼备。

角度三：从最薄弱的地方入手抓管理创新。

木桶理论启示我们，最薄弱的地方就是最有文章可做的地方。那么教学质量提高最薄弱的地方在哪里？一般来讲在课堂。在课堂的什么地方？在课堂里学生练得不多、练得不好、练得不到位。学生练得不到位的问题在教师，教师讲得太多，或设计的问题不好。老师的问题在哪里？在学校，学校缺乏必要的课堂操作规范和监督机制。要想在这方面有所创新，就有必要推行一种模式，让教师和学生相互监督，所以我们推行“练评讲”教学法。学生“先练后评”，教师“先评后讲”。模式这个东西的背后是教育教学思想，推行某一种模式有利于转变教学观念。模式这个东西便于推广，肯德基、麦当劳就是因为有固定的模式才能走遍世界，创造出惊人的效益；中国武术模式统一不了，所以走向世界有一定的难度。教学也是同样的道理。有人说我们不需要什么教学模式，我们提倡百花齐放。试问各位，我们的学校里，现在究竟有几朵花开放？可能只有说这个话的人自己知道。

为什么要强调“练”？如果没有自主练习，就无法实现自主的思维建构。再说当前的考试主要是能力为导向，能力的表现方式叫作“技能”，技能的形成遵循见多识广、熟能生巧法则。练得少，练得不到位，技能无法形成，怎么考得高分？比如开车，没有经过训练，光背熟操作程序是没有用的，没有几年的磨炼，要开好车是不可能的。

为什么要先“练”？因为未成年人的知识建构遵循先行后知的规律，小孩子学骑自行车，他肯定是先行动再说，不会听你讲一大堆原理的，他的行动比认识要快，这就是先行后知，“初生牛犊不怕虎”讲的就是这个道理。何况课堂前20分钟是学生最能集中注意力的时机，是练的最好时刻。既不预习，又不讲解就让学生做，行吗？行和不行，并不需要争论，做了就可以明白。作为一线教师，我们最大的优势就是可以用实践来说话，理论问题留给专家去研究。

“练”出现错误多怎么办？要的就是学生出错。技能是在不断地更正错误的过程中形成的，讲过不如做过，做过不如错过，错过的东西印象深刻。

角度四：从最不该动手的地方动手抓管理创新。

我们中国人习惯于稳定，从某种程度上讲就是保守，管理创新最忌讳这样一种思维习惯。

角度五：用先做后说的办法实施管理创新。

我做课题研究有一条重要的经验，那就是先做后说，做到有话可以说，不得不说的时候才说，这样容易成功。为什么？因为在我们的民族文化传统里对“木已成舟”“生米已经煮成了熟饭”的事实持比较宽容的态度，一般来讲都会认可。创新需要宽容。其实这条法则也适用于学校管理的许多方面。同志们可以试一试，当你觉得某一项工作安排比较困难的时候，你只管派单，不做解释，看一看如何。我举一个例子，我们学校搬迁，这是很大的一项工程。按照常规我们应该先做各项动员，说说大道理，说说人员怎样安排，分几个小组等，但是我们没有。我们只是通过办公网发信息派单，要求用周末两天时间，把全部设备搬迁并安装好，星期一保证正常教学，所有老师没有人督促，是加班还是不加班，饭到哪里吃，一概不提，结果是如期完成。这是一个怎样的速度和效率，回过头来都不敢想象。我知道有的老师动用了自家的车，还有家属和朋友帮忙，电教科组则集体干到差不多是通宵。为什么可以这样做？因为老师对文字尤其敏感，道理不用说他也会明白。很多人都有管理创新的思维，但很多时候实施起来效果不如意，原因是多方面的，有一点值得大家注意，很多人都习惯先说后做，事情往往就夭折在说的过程中，有的做都没有做就流产了，如果反过来，效果会不一样。改革开放之所以成功就是用了先做后说的方法，创新是做出来的，不是说出来的。

（四）向管理创新要质量，要有力度

这里的力度主要指执行力。教学质量的问题，不单单是教学法如何运用的问题，也不单单是教学管理问题，它依赖于学校整体管理。亚里士多德曾说过：整体大于各部分功能之和。学校不是学生加老师再加校长加校舍那样简单，学校具有部分之和都不具有的功能。从现代管理学看，这叫作“非线性系统管理理论”，事实上整体具有局部不具备的功能，要提高教学质量，就要发挥整体功能，整体功能的发挥看执行力，执行力就是团队新陈代谢的能力。如果把学校的整体功能比作一棵大树，决定这棵大树生命力的关键因素就是它自身的新陈代谢的能力。管理创新就是要把好的东西吸收进来，把不好的东西排除掉，这要看一个学校整体的执行力，所以向管理创新要质量，一定要抓整体的执行力。如何抓整体的执行力？

1. 要抓组织建设

组织的力量大于个人。组织架构若不好，执行力就出不来。抓教学的组织建设一定要抓到最小的单位，如学生方面要抓到班级学习小组建设，学生的自主学习习惯的养成最好的监督者不是老师，而是同班同学，特别是同一个学习小组的同学。在保障学生学习方面，我们有两个最有力的学生组织。一个叫作“学生助教协会”，专门管理教学区的各项教学评价和评比，只要进入教学区，所有教师的教和学生的学的活动都要接受他们的评价。另一个是学生干部协会，教学区以外的宿舍、饭堂、运动区等都属于他们管理的范畴，所有学生的德育评比、星级班评比都由他们提供第一手资料。

教师方面要抓好备课组建设，备课组是制约年级教学质量最关键的组织。教学处要直接管理备课组，而不是间接的，既要对备课组集体备课制度的落实情况进行有效监控，也要利用评价机制强化备课功能。

2. 要抓培训

培训不一定是开会，开会也不一定能达到培训的目标。比较有效的培训应该是任务驱动型的，最有效的任务是同教学有关的一些研究性的任务，也就是做一些以提高教学质量为目标的课题，并且尽量遵循先做后培训，边做边培训的原则。有些领导抱怨自己学校的教师业务水平不行，自己手下无能人；有些班主任抱怨班干部不行，自己手气不好；有些教师抱怨学生不行。实际上是培训不力，或者是压根儿自己就没有培训过。一个团队，离开了培训，它很难形成共识，没有共识，就不会形成合力，没有合力自然就难以成就一番事业。没有哪一个团队天生就强大，是培训使其强大起来的。其实教学并不需要多大的能耐，管理也并不需要什么高深的学问，只要大家抓住培训不放，提高教学质量，改变一个学校的面貌是完全可以实现的。学生智力水平基本处于同一个区间内，教师也是如此。是培训使我们成长，是实践使我们变得强大。

3. 要抓关键

关键包括关键的人、关键的事、关键的环节等。抓关键最重要的是抓住关键的人。一个团队做一件事要想人人都支持，人人都卖力是比较困难的，但是有一种二八现象值得我们思考，20%的人决定团队的战斗力，管理创新一定要去看准谁是20%的人选，想办法抓住20%的关键性的人物。一个班级找出20%的学生当助教，重点培养他们，然后让他们去带动剩下学生的20%，这样一来，哪里还用担心班级无能人。学校、年级和科组都可以用这个办法来推动某项改革。我在江门讲这个问题的时候，有一位校长问我，你说20%是不是行政级长。这个问题问得好，我的回答是，不一定。因为创新的东西，需要有各个层面的人支持，同样也需要有各个层面的人反对，行政级长层面，有人反对也是好事。

（五）向管理创新要质量，要把握公平度

管理创新必然要调整一些评价制度或者改变一些评价的方式和方法，这些改变，教师能不能接受，学生愿不愿意，这是需要考虑的问题。教师也好，学生也好，大家接不接受往往用一个标准来衡量，那就是看这种新的评价制度公不公平、公平的程度怎样，公平程度高就容易接受；公平程度低就难以接受。什么样的制度公平程度高？什么样的制度公平程度低？同样的一种制度不同的人感受是不一样的。可见公平也好，不公平也好，主要是人们内心的一种感受，心理学上叫“认同感”，管理学上叫“价值取向”。（尽管我们无法知道每个人此时此刻到底需要什么，但是根据马斯洛的需要层次理论，我们知道每个人都有实现自身价值的需求，这是人的共性，是培育认同感的心理学基础。人生的意义、奋斗的意义或目的在于实现自身的价值，证明自己能做什么、不能做什么。伟人，之所以伟大，是因为他把社会的价值当成了自己的价值来追求。所以培植认同感要把社会价值作为一个重要目标，引导团队做有利于社会进步的事业，这是培植认同感的一个基本要求）

管理创新的过程中要让一种新的制度顺利实施的话，最好的办法就是要不断地培育人们的认同感，让团队有一致的价值取向，提高公平度，推动学校管理走向新的公平。从这个意义上讲，我以为培植认同感是管理者（校长）的第一责任。

那么怎样培植认同感，让管理走向新的公平呢？我认为应该调整好评价制度，在三个方面下功夫。

一是在管理创新起点的评价上下功夫，让起点相对公平。管理创新起点评价很重要，起点就是动力和压力的结合点，我们要善于将起点的机会放到每位教师和学生面前，让每个人都既有压力，也有动力，这就是起点公平。管理创新最怕的是在起点上只有领导有压力和动力，老师没有压力和动力；只有教师有压力和动力，学生没有压力和动力；只有少数人有压力和动力，多数人没有压力和动力。果真如此，此等机会不公平，注定步履维艰。

起点评价公平，也就是要遵循“有教无类”的教育原则。校长是教师的班主任，我们要按照圣人的教导，做到不抛弃一位教师，不放弃一个学生。我不赞成末位淘汰制，这种制度不人性、不公平。再者，也不符合中国国情，校长目前没有这个权力，也不需要。中国人很注重面子文化，你让别人太没有面子，就很难办。

二是在管理创新过程评价上下功夫，让过程相对公平。创新有成功，也会有失败；有快乐，也会有痛苦。怎样看待其中的人和事，需要一种明确的态度。对有失败感的教师和学生，我们要给予正向的评价，多给一些机会。需要失败的人就要给他失败的机会，在哪里跌倒就让他在哪里站起来，这叫作“因材施教”。作为管理者，给别人机会实际上就是给自己机会，因为自己难免也会失败。

三是在管理创新的终点评价上下功夫，让结果相对公平。管理创新结果有大小，时间有快慢，这需要一个合情合理的评价。先进是要评的，但是真正的先进其实不是评出来的，所以真正先进的人不一定要给他当先进，正如军委主席不需要授衔一样。去年评了先进的，今年让一让，这也合情合理。如果次次都是那几个当先进，那就说明这种评价结果本身就不公平。

管理公平是学校发展的杠杆。我们要利用它撬动每位教师和学生的潜能，维系管理创新中的各种关系，促进教师、学生和学校的发展。

在学生眼里最受欢迎的老师是办事最公平的老师，在老师眼里最受欢迎的领导是做事最公平的领导，那么在家长眼里，最好的学校会不会是最有公平感的学校呢？大家不妨调查一下，其实结论是毋庸置疑的。所以我们每个管理者要有自己做人做事的底线，小心地维护公平，做一个最受欢迎的管理者。

提升学校文化力的策略与行为

——2009年5月在南海区迎接广东省教育现代化先进区评估工作会上的发言

南海区推进教育现代化工作给我校发展带来良好的机遇，我们全体师生在推进教育现代化的工作中积极探索，初见成效。我代表学校从提升学校文化力的角度做一个简要的过程综述。

一、学校基本情况

桂江一中是佛山市南海区桂城街道的一所全日制公办初级中学，创办于1990年。2004年6月，学校被评定为“广东省一级学校”。现有34个教学班，学生1780名，在编教职工104人，任课教师98人，拥有硕士学位的教师3人。2009年9月学校将整体搬迁。

二、学校发展的文化力分析

推进教育现代化是一个系统工程，当教育教学基本设施，教师队伍的基本素质达到一定高度之后，我们把目光聚焦到相对薄弱的文化建设工作中，希望提升学校文化力，促进学校持续发展。学校文化是有力量的，但这种力量的形成有其特定的土壤，从这个意义上讲，学校文化力只能培植，不能移植。当前桂江一中的文化实力到底如何？用战略分析的目光来看一看它的生存土壤就不难发现。

文化优势表现在：教育教学质量得到社会的认可，具有一定的知名度，可以说，已经进入名校的行列；拥有一支成熟、稳定又优秀的教师队伍，35～45

岁的教师占80%以上，98位任课教师中，35人为高级教师，比例达35.7%。

文化劣势表现在：建校时间短，文化底蕴不足，过去一度重视物质文化和制度文化建设，忽视精神文化建设，以致教师务虚竞争有余，务实合作不足；学生乖巧服从有余，自信自强不足；学校刚性管理有余，柔性管理不足。

文化发展机会表现在：学校搬迁到新地址后，可以实现全住宿，满足家长的需求，对外影响力将会增强。

文化发展威胁表现在：中年教师比例过大，高级教师比例太高，多求稳难求新，职称到顶，发展动力不足；校本研究课堂教学改革还没有找到适合的、有效的途径。按照学校成长的三个阶段“合格学校—规范学校—特色学校”来看，目前尚处于“规范学校”阶段，离“特色学校”还有一段距离。如果不能在特色学校发展的道路上尽快找到一条有效途径，学校的发展将在原地徘徊。

综上所述，桂江一中学校文化力不足是制约学校持续发展的重要原因。针对问题，立足实际，我们选择了以课堂教学改革为突破口，以提升学校文化力为目标的发展道路。具体来说，就是要提升学校文化力，推动学校从“规范学校”向“特色学校”发展，让教师务实进取，学生自信自强，管理舒心和谐。

三、提升学校文化力的策略与行动

学校文化力是学校发展的核心动力。提升学校文化力，说到底，就是要创新学校的管理文化，为教师、学生和学校持续发展提供精神力量。我们从2007年9月开始做了以下三方面的工作。

（一）以课堂教学模式的实践研究为突破口，打造务实进取的教师文化

教学模式是教学思想的一种表现形式，我们实施“‘练评讲’教学法行动研究”课题，学生是先练后评，教师是先评后讲。这样的教学模式是对传统启发式教学的继承和发展，是对教师惯性教学思维的挑战。只有务实的教师才能有所收获，只有进取的教师才能走出困惑和迷茫。近两年来，我们人人上“练评讲”研究课，人人评课，人人进行课题小结，每个环节都实实在在。通过实施这个课题，我们实现了集体备课的务实创新，集体备课由集体动口变成了集体动手，每个老师都要命题，每份试题都要经过备课组的审查和评价。一位教师感慨道：“我第一次体会到教育科研是脚踏实地的工作，学校的用意在于引导大家诚实做事，诚信做人，对学生发展和学校发展负责。”

（二）以学生助教制度建立为切入点，培植自信自强的学生文化

在课堂教学中让学生走上讲台，主持“练”“评”“讲”“赛”一个或多个环节的课堂教学活动，我们称之为“助教课”。由此而建立起来的有关学生助教的选拔、培养、评价、反馈、矫正等机制就是助教制度，助教制度的建立为学生心理成长开辟了常规化教育的新途径，学生参与助教活动的积极性超出了我们的想象。实践证明，学生有能力成为课堂的主人。事实上，课堂教学是课程改革的主阵地，是学生获得知识和技能，过程与方法，情感、态度和价值观体验的最主要的途径。培植自信自强的学生文化，从课堂教学入手，走的是一条康庄大道。我们有理由相信，坚持下去，桂江一中一定能在不久的将来，突显出教师强、学生更强的文化特色。

（三）以建立激励机制为切入点，建设舒心和谐的管理文化

人的发展需要与“需要缺失”的矛盾运动是推动人们向前发展的内在动力。建立激励机制实际上就是要建立一种以满足师生发展需要为前提，以实现教与学和谐发展为目标的评价制度。

对教师来说，一方面我们以备课组为基本单位，综合学科组、年级组的情况对教师进行过程性的直接评价。坚持对外竞争，对内合作的评价导向，引导备课组、学科组、年级组的教师正视个体差异，学会赞赏同伴、帮助同伴，学会合作。另一方面我们坚持公平、公正、公开原则，隆重推出最有代表性和导向性的研究成果，树立科研典型，做到榜样引领。与此同时我们成立名教师工作室，让有能力的教师“走出去”上研究课，开展课堂教学交流活动，这样教师的劳动得到尊重，“自我实现”需求得到进一步激发。生活在这样一种研究的氛围中，教师们心情舒畅，人际关系也会融洽一些。

对学生来说，一方面我们以学习小组为基本单位，以小组竞赛为基本方式，对学习小组的课堂与课外综合表现进行过程性的直接评价，开展多种形式的小组竞赛活动，引导学生走同伴互助、合作学习的道路。另一方面我们提供更多的机会，让学生走上讲台，走向班级管理和年级组管理的前台，不断地满足学生“自我实现”的需求，引导学生走自主管理的道路。这样生生关系、师生关系将更加和谐。

四、初步成果

近两年来，我们在提升学校文化力的探索中积累了一些经验，取得了一定成绩。

教育科研成为教师的一种行为习惯。人人参与科研，通过连续两年不间断的磨炼，教师已经掌握了行动研究的基本方法，勤奋务实的工作作风随处可见。仅2008—2009学年度就已经有15位教师应邀到江门、湛江、狮山等地讲学。

学生自主管理成效明显，德育工作再上新台阶。今天我们的清洁卫生检查、仪容仪表检查、文明礼貌监督、校会级会评价、教师课堂教学监督等多项工作都由学生管理。学生管理学生、学生教育学生、学生帮助学生、学生监督教师已经深入德育管理的各个方面，成为校园文化建设的一道亮丽风景线。

师生关系更加和谐。由于学生自主管理机制的建立，学生能解决的问题自然就不会再麻烦到老师。由于学生对老师的监督加强，老师的自律能力自然也会加强。老师更多地扮演导师的角色，师生之间的误会自然减少，关系也更加融洽。

教育教学质量不断提高。中考成绩名列南海前茅，学科竞赛领先南海区、佛山市。如2008年信息学竞赛蝉联重点中学邀请赛、省决赛、第十四届全国竞赛广东省团体三连冠。

一个国家的文化力，具有对内强化民族凝聚力，对外树立良好形象的重要功能，所以文化力竞争引起了世界各国的广泛关注。一所学校的文化力对学校发展来说其重要作用是不言而喻的。我们将继续努力，正视存在的问题，把握好发展机遇，提升桂江一中的文化力，为南海区推进教育现代化建设做出贡献。

让我们远离呵护，学会成长

——在2011—2012学年度第一学期开学典礼致辞

小鸟成长的一个重要标志就是学会飞翔、学会觅食，然后离开妈妈的怀抱自食其力。人的成长过程相对会漫长一些，但终究是一个逐步远离家长、老师呵护的过程，一个逐步实现生活自理、学习自主、意志自强的过程。我们从小学到初中，到高中到大学，再到成家立业，走的就是远离呵护的成长道路，这是规律、是法则。顺着这个规律和法则就容易获得健康成长、快乐成长的机会，否则就容易出现痛苦成长、缓慢成长，甚至出现心理成长与生理成长不相称的问题。所以，我们要学会逐步远离呵护，让自己成长得快乐一些、健康一些。

怎样远离呵护，学会成长?

首先，远离呵护，学会成长，要学会生活自理。住校是生活自理的最好机会，能否主动积极地去适应住校生活很重要，能否少打一些让家长为难的电话，能否不要麻烦家长送汤送饭等都是对每位新同学是否愿意主动成长的考验。我们初二、初三有一些同学，年龄增加了，自理能力并没有成长，还经常麻烦家长送汤送饭，有的还违反学校的住宿纪律，因扣分太多而被停宿，希望全体同学引以为戒。住宿生活给我们每位同学都提供了远离呵护，提高生活自理能力的机会，为什么还要父母操心呢?实际上，我们有很多同学在生活自理方面取得了很大的进步，他们不仅学会了生活自理，还学会了生活管理。很多同学积极参加学校助教竞选活动，当上了生活助教，如舍长、层长、楼长等，获得了很多管理经验，可以说这些同学在生活自理方面获得了很大的成功，我们要向他们学习。

其次，远离呵护，学会成长，要学会学习自主。学习终究是自己的事情，没有办法让别人代替，所以一定要自己主动起来，动脑又动手，找到学习的乐趣。有的同学不仅课堂认真学习，课后也认真学习，甚至就连假期都在忙于学习，那是因为他们体验到了主动学习的乐趣，学习成了他们快乐生活的一个组成部分。有的同学学习不主动，怕动脑筋，当然也就找不到其中的乐趣，久而久之，学习也就变成了他们生活中的一件痛苦的差事，整天盼望着脱离学习的环境。同样是面对学习，为什么会出现如此大的差别呢？原因就在于前者自己主动，后者自己被动。自主与否是学习快乐与痛苦的分水岭，主动学习的同学，很容易走在别人的前面，一步领先，步步领先；被动学习的人，永远只能跟在别人的后面，一步落后，步步落后。所以我们鼓励大家主动学习，超前一步学习，老师还没有教，其实我们也可以自己先学的。在超前学习方面，我们有很多同学做得非常好，每个学期开学的自主学习测试评比，受表彰的同学就是我们学习的榜样。

最后，远离呵护，学会成长，要学会意志自强。成长中会面临许多意想不到的困难，克服困难很多时候需要靠自己的意志力，所以我们要自强不息，学会自己解决困难。一个人战胜别人容易，战胜自己往往很困难，自强就是要超越自己，要有足够的意志力。有的同学当干部、当助教、做义工，只有开头，没有结尾，遇到一点困难和挫折就放弃自己当初的选择，半途而废，这是意志力薄弱、不会自强的表现。而有的同学无论是当干部、当助教还是做义工，一干就是三年，从进校的那一天起，直到毕业从没有退却过。他们用实际行动告诉我们什么是自强不息，什么叫挑战自我。让我们以热烈的掌声鼓励这些意志自强的桂江一中学子，肯定他们的成绩，祝贺他们在桂江一中的舞台上，挑战自我，获得成功，这些同学确实值得我们敬佩。我衷心希望每位同学都能很好地把握成长的机会，拥有自强不息的意志力。

学会成长，就是要学会远离呵护，学会远离呵护就是要学会生活自理，学会学习自主，学会意志自强。希望全体同学在新的学年里学有所得，健康成长，在教师节来临之际，祝愿全体老师青春常驻，桃李芬芳，祝愿桂江一中蒸蒸日上，美名远扬。

责任，我们何以承担？

——在2010—2011学年度第一学期开学典礼即席演讲

老师们、同学们：

刚才有位同学问我，我们学校的升旗台很漂亮，旗杆也多了、旗帜也多了，有什么讲究吗？奥妙在哪里？今天我要借这个同学的问题，说一说责任，说一说我们如何承担责任的话题，讲一讲这里面的道理。我们学校有五支旗杆、五面旗帜，从上到下依次是国旗、校旗（两面）、助教协会会旗、慈善协会会旗，说明我们要承担多种社会责任，我们要为国家富强而读书、要为学校发展而拼搏、要为同学成长提供帮助、要为社会和谐贡献爱心。

我们为了别人，唯独没有为我们自己。那么，我们自己在哪里？我们自己就是旗杆的底座，我们是在承担责任的过程中成就我们自己的人生的，所以，我们要学会承担责任。责任，我们何以承担？

作为桂江一中的学生，我们该怎样承载这厚重的责任呢？古人说得好，“天行健，君子以自强不息；地势坤，君子以厚德载物”。先贤告诉我们，要承担起这厚重的责任，一定要向老天学习，向大地学习。向老天学习什么？学习天体自转和公转，永不停息的那种精神。春夏秋冬，寒来暑往，太阳东升西落，月亮阴晴圆缺，无论你有没有意见，看得习惯，看不习惯，天体总被一股力量推动着，那就是自强不息的精神。我们电脑制作小组的同学和老师就拥有这种精神，他们没有理会别人怎样看，也不管有没有机会拿到奖励，而是像天体运行一样，始终保持着强劲的动力，永不停息。他们超越了自己，冲出了南海，冲出了广东，在全国大赛中很好地展示了桂江一中师生的领袖气质和学者风度，他们是我们学习的榜样，也是桂江一中拥有自强不息精神财富的优秀代表。

向大地学习，学习什么？学习她博大的胸怀和厚重的德行。无论是高山还是大海，无论是平原还是沙丘，她都可揽进怀抱。我们助教协会的干部就有这样的胸怀和德行。他们帮助同学、帮助老师，让小组的同学一起进步，在助教他人的过程中，成就自己的美德。我们学生会的干部们，也有这样的胸怀和德行，他们甘愿牺牲自己的休息时间，为大家营造出一个良好的休息环境，赢得了大家的尊重。我们慈善协会的同学们，被救助灾难的人们所鼓舞，用善良与爱心支撑起桂江一中慈善协会这面大旗，他们的努力大家必然铭记在心中。上个学期我们组织过两次大型的捐赠活动，每位师生员工都积极参与，我们用行动展示了我们桂江一中人“大爱行天下，小德驻心间”的宏大气概。

知识是学来的，所以我们要向天学、向地学。

能力是练出来的，所以我们要继续推进“练评讲”教学改革。

唯独胸怀和德行、人格与气质是修炼出来的，所以我们要用心去体察，用心去自省和自悟，一点一点来修正我们自己。

让我们大家一起努力，向天学、向地学、向榜样学，不辜负国家的期望、社会的重托、家长的期待。我坚信，我们桂江一中的学子一定能承担起“为天地立心，为生民立命，为往圣继绝学，为万世开太平”的历史重任。

成功有法，成才有路

——在2010—2011学年度第一学期散学典礼演讲

老师们、同学们：

我们把“铸就领袖气质，磨砺学者风度”作为学校的培养目标，那么，我们能否找到达到这一目标最直接的办法和最有效的途径呢？答案是肯定的，因为成功有法，成才有路。

法在哪里，路在何方？

要想找到好的方法、好的途径，就要学会透过现象看本质，只有发现了事物的本质，我们才有可能把握住事物发展的规律，收到事半功倍的效果。有几个同学曾问我：领袖气质和学者风度都很好，我们两者都想要，应该怎么做？这几个同学说出了我们大家的心里话，好的东西，人人都想要，这是人之常情。我当时提出两个问题要他们思考。一是你们知道领袖气质和学者风度包含一些什么样的内容吗？二是你们认为领袖气质和学者风度不可以兼得吗？如果第一个问题能解决的话，第二个问题也就好办了，这是方法的问题。有一个同学很聪明，他说，我知道领袖气质和学者风度都是比较难得的好东西，但是也没有人告诉我们两者都可以兼得。看来我很有必要借这个机会告诉大家：我们每位同学都可以通过努力做到两者兼顾，铸就领袖气质，磨砺学者风度。

首先，我们可以寻找到“铸就领袖气质，磨砺学者风度”的最好方法。当两个或者多个问题同时出现的时候，我们可以用归纳的办法来找出它们的共同点，从而找到解决问题的办法。领袖气质和学者风度包含一些什么样的内容呢？它们有哪些共同点？其实，无论是领袖还是学者，乃至一切成功的人士，他们身上都有一些美好的品质，如热爱生活、助人为乐、勤奋、务实、细心、恒心、包容等。但是最核心的我认为可以用八个字来概括，那就是“勤奋”“务实”“细心”“恒心”。领袖和学者之所以能成功，是因为他们具备了这四个方面的优良品质，无论是学习还是工作，无论是做事还是做人，他们都是那样勤奋、那样务实、那样细心、那样有恒心。只要我们有针对性地去磨炼出“勤奋”“务实”“细心”“恒心”这些美好的品质，那么我们也就基本上可以实现两者兼得的目标了。

道理虽然比较简单，但是要获得这样的品质并不容易。因为知道不等于能做到，做到不等于能得到。知识可以很快学来，能力可以通过一段时间锻炼出来，品质只能经过长期的修炼，一点一滴地磨炼才能获得。正如毛泽东同志所讲的那样“一个人做点好事并不难，难的是一辈子做好事”，领袖和学者身上的光辉是一辈子修炼的结果。所以我们“铸就领袖气质，磨砺学者风度”要做好长期修炼的准备。非常高兴的是，仔细观察，不难发现，我们有许多同学正在向着这个方向努力。1月12日下午4：30，初一考试结束，当大家都在急急忙忙赶紧收拾东西回家的时候，总有一部分同学坚持在打扫完卫生，关好门窗之后才离开，这就是做事的恒心。1月13日晚上9：50，明知第二天上午就可以回家的义工队的几位同学依然像往常一样坚持义务清扫校道的卫生，这就是做人的善心。1月14日10：10，初二年级的同学离开校园，男生宿舍的楼长李宜宁同学带领几位学生干部将整栋宿舍清扫干净，11：30才离开，这是做干部的责任心。谁能说他们不是在“铸就领袖气质，磨砺学者风度”呢？

其次，我们可以找到“铸就领袖气质，磨砺学者风度”的最佳道路。怎样找到这条路？其实，我们一样可以采用归纳的方法来寻找，“铸就领袖气质，磨砺学者风度”有多种多样的途径可以走，正所谓条条道路通罗马。比如：课堂上我们可以通过参与“练—评—讲—赛”展现自己的风采，磨炼自己的意志；在班级，我们可以通过参与小组合作来强化自己的责任意识；在学校，我们可以通过参加助教协会、学生会、慈善协会、义工队等磨炼自己的耐心和恒心；在假期，我们可以通过超前学习磨炼自己的勤奋与务实。这些都是我们每位同学完全可以做得到的有效的修炼途径。这些途径肯定有共同点，我们可以把它归纳起来，找到一条最佳的途径。经过研究，我发现“铸就领袖气质，磨砺学者风度”的最佳途径，由一个流程系统组成，具有四个关键性的要素。

第一个要素是自主实践，也就是说自己要亲自去做。任何品格的形成都需要自主实践的过程，要拥有领袖气质和学者风度，得自己亲身实践，要像刚才提到的那些同学一样，用行动来诠释，用心灵去感悟。认真做好每道练习题是一种自主实践，积极参加竞赛辅导也是一种自主实践。当干部是一种自主实践，做义工是一种自主实践，假期超前学习也是一种自主实践。这些都是我们“铸就领袖气质，磨砺学者风度”要迈出的第一步，没有人可以代替我们，只能靠自己。“天雨大不润无根之草，道法宽只度有缘之人”，离开自主实践的人将与成功无缘。

第二个要素是同伴互助，也就是说要善于和同学、朋友互相帮助。古人云：“独学而无友，则孤陋而寡闻。”学习是这样，品德修养也是如此。“不识庐山真面目，只缘身在此山中”，一般情况下，自己是一个什么样的人，有什么样的不足，自己往往不是很清楚，而朋友常常是明白人，“铸就领袖气质，磨砺学者风度”需要朋友之间相互帮助。一方面我们要用真心去帮助我们的朋友，指出他们的不足，让他们取得更大的进步。另一方面，我们也要善于接纳朋友的意见和建议，不断地克服身上的缺点和错误，让自己优秀起来。你看看那些成功人士，哪一个没有几个好朋友。

第三个要素是名师指引，也就是说要有好老师的指导。要想成就一番事业，离不开名师的指导。因为没有人天生就拥有渊博的知识，天生就懂得人生的道理，天生就清楚自己的路该怎样走，所以“铸就领袖气质，磨砺学者风度”需要名师指引。得到一个好老师来教育自己是人生莫大的幸福。孔子云：“三人行，必有我师焉。择其善者而从之，其不善者而改之。”我们要向直接教导我们的老师学习、向书本学习、向社会贤达人士学习。

第四个要素是合作争先，也就是说要学会用小组合作的方式去竞争。所谓优秀，不过是同龄人或者同行人中的佼佼者而已，所以领袖和学者一定离不开某一个团队或者某一个领域。个人奋斗、孤军奋战不可能铸就出领袖气质和学者风度。集体的力量大于个人，这是不用争辩的事实，所以我们要合作争先，用小组合作的方式去竞争。2010年，我们桂江一中游泳队的同学、英语竞赛团队的同学、信息学竞赛团队的同学，他们之所以获得很大的成功，是因为他们会用合作的办法去竞争。通过集体合作竞争出来的人才，是真正拥有领袖气质和学者风度的人才。许多所谓的聪明人，之所以成不了大事，就是因为不会合作争先，他们生怕为团队付出之后，自己吃了大亏，结果就刚好吃亏在不会合作这个问题上。试想一下，如果没有团队，到哪里去找领袖气质和学者风度？如果孤家寡人也算，那么领袖气质和学者风度不就成了一个低级品位的代名词了吗？所以聪明的人，如果不想被聪明误导的话，需要赶紧学会合作争先。

综观人才成长，成功有法，勤奋务实、细心恒心是通向理想彼岸的最重要的法宝；成才有路，自主实践，同伴互助、名师指引、合作争先是通往人生高地的最佳途径。有志于“铸就领袖气质，磨砺学者风度”的全体同学，希望你们发扬勤学、实学、细学、恒学的精神，珍惜自主实践的机会、同伴互助的机会、名师指引的机会、合作争先的机会，借助桂江一中这个平台，播下成功的种子，走好人生的道路。假期来临，送给同学们一副对联：

上联：勤奋务实，铸就领袖气质，重实践

下联：细心恒心，磨砺学者风度，出实效

横批：给力有我

怎样建造一个优秀的班集体

——在2009—2010学年度第二学期开学典礼致辞

老师们、同学们：

怎样构建出一个优秀的班集体？我认为一个优秀的班级要符合以下标准，至少要做到四个优。

一是分组优。一个班级要想有活力、有朝气，需要分组管理。分组可以为同学们提供更多的干部岗位，锻炼自己的管理能力。我们在班级里分组，助教协会的队伍就会壮大起来；我们在宿舍里分组，学生会的队伍就会壮大起来。分组可以带来竞争，有竞争才会有发展，中国电信和中国移动的竞争促进了中国通信事业的发展就是一个很好的例子。分组便于结对子帮扶，促进合作，有合作才容易战胜困难，共同进步。分组有一个最基本的原则，就是不能抛弃任何一位同学。小组里有后进同学是好事，没有了后进，我们又怎么去当先进？我们帮助后进，自己成长会更快一些，所谓“助教他人，快乐自己”“引领他人，成长自己”就是这个道理。

二是评价优。评价是管理的杠杆。分组以后，我们要建立小组评价制度，要从学习、纪律、卫生等几个主要的方面明确评分标准。在小组评价方面，得分第一的不一定是最好的，持续进步才是最好，所以当自己的小组得分比较低的时候不必担心，说明你的小组拥有更多的机会。有评价才会有努力的方向，有方向的班级才会有活力。

三是干部优。当干部可以培养情商，提高人际交往能力，从另一个途径促进智力水平的提高。干部不一定要当得很大，大小无所谓，关键是要适合自己，能发挥自己优势的干部岗位就是最好的岗位。是不是好干部，自己说了不算，需要大家认可。要成为好干部要牢记16个字——勤学勤管，实学实管，细学细管，恒学恒管。只有在勤、实、细、恒四个方面做好了，才有机会成为好干部，希望所有的干部都能以身作则，做到最好。

四是管理优。一个优秀的班级要想做到管理优，要满足两个基本条件：一是事事有人管，人人有事管；二是管人管到位，理事理顺畅。你的班级达到这些条件了吗？达不到，说明我们大家需要继续努力。

希望全体同学用心关注自己的班级，细心去构建一个优秀的班集体。

今天，我们创新了哪些学校文化？

——在2009—2010学年度第一学期散学典礼暨颁奖大会上的致辞

老师们、同学们：

2009年10月20日，我们将旧校区整体移交给南海中医院，标志着搬校任务圆满完成。来到这里，大家都感受到不仅仅是校址的变迁那么简单，很多制度和习惯也改变了，也就是说我们创新了学校文化。俗话说，一方水土滋养一方人。学校文化好比空气、水分、阳光和土壤，滋润着学校的每个成员。作为桂江一中人，我们不仅要学会适应这里的水土，还要学会优化我们的环境，创新我们的学校文化，让空气更加清新，让水分和阳光更加充足，让土壤更加肥沃，让我们每个人生活得更好、发展得更好，让我们的学校更有影响力。

我们创新了哪些学校文化？

首先，我们让“自信自强，务实进取”成为桂江一中的校训，成为桂江一中人的精神食粮。自信，就是要自我肯定，相信我能行；自强，就是要自我超越。老子说：胜人者力，自胜者强。这句话的意思是战胜别人的叫“有力”，战胜自己的叫“强大”。在老子看来，战胜自己比战胜别人要高一个层次。事实上，阻挡我们进步的往往不是别人，而是我们自己，是我们内心那些自卑、自私、懒惰、懦弱、恐惧和绝望等不利的心理因素在作祟。一所学校要强大不需要战胜别人，只需要战胜自己。一个人要强大，只需要做好一件事，那就是不断地超越我们自己。务实，就是要追求符合实际的效果，踏实做事，诚实做人；进取，就是要迈进更高的目标，取得最好的成绩。“自信自强”属于心理上的要求，“务实进取”属于行为上的标准。“自信自强，务实进取”的校训，寄予着一个美好的期待，期望我们桂江一中人个个都拥有一个健康向上的心态和一份真实而又美好的学业或事业。本学期，我们在比较短的时间内，在如此繁忙的情况下通过每个师生员工的努力，完成了学校搬迁任务，做到了搬校和保证教学质量两不误。本学期的各项学科竞赛保持着绝对的优势，第十五届全国信息学竞赛，保持了广东省初中团体第一名；全国英语竞赛13人获一等奖，以绝对优势获得佛山市公办学校团体第一名；历史知识竞赛，获南海区公办学校团体第一名；中学生游泳锦标赛，获南海区初中组团体第一名；中学生三人篮球赛，获南海区初中女子组冠军。可以说，我们用实际行动践行了“自信自强，务实进取”的学校文化。

其次，我们让“铸就领袖气质，磨砺学者风度”成为桂江一中的育人目标。为什么要提出这样的目标？一方面，社会分工越发达，组织机构就会越繁多，管理人才的需求就会越来越大，社会对人才的管理素质的需求也会越来越高。目前我们国家的管理人才相对缺乏，希望同学们肩负起这个社会责任，比别人先行一步，获得提升管理素质的更多机会，从初中开始就有意识地培养自己的管理素质，学会在引领他人的过程中，成长自己，磨炼出领袖气质。另一方面，在知识经济时代，不会学习就不会发展。我们希望从桂江一中出去的同学都具有学者必须具备的自主学习的习惯和勇于探究的精神，顺应时代发展的潮流，发展得更好。“铸就领袖气质，磨砺学者风度”是时代的要求，也是同学们的责任，相信大家能做得到、做得好。

怎样铸就领袖气质？“铸就领袖气质”最好的方法就是争取当干部，当组干、当班干、当级干、当校干都行。干部不在于大小，关键在于有多少机会锻炼自己。有的同学认为当干部影响学习，吃亏了，实际上吃亏的不是你，而是那些没有机会当干部的同学。不信的话，你叫学生会和助教协会的那些干部退出来，看一看有几个人愿意。助教协会的陈欣同学当了将近三年的校级干部，她的成绩依然是那么好，管理能力也是大家公认的。能力强的人和能力弱的人，最大的区别在哪里？就在于能力强的人能在同一时间干好好几件事，能力弱的人集中所有时间都干不好一件事。想做能力差的人，最好的办法就是找个理由什么事都不干；想做能力强的人最好的办法就是尽量地争取到多干几件事的机会。

怎样磨砺学者风度？“磨砺学者风度”最好的办法是养成超前学习的习

惯。我们学校的王泽森同学，在初一的时候就把初三的数学学完了，当时作为初一的学生参加初三的学生才参加的全国数学联赛拿到了南海区第九名的好成绩。上个学期，学校给他评了学者风范奖，想必大家还记得。王泽森同学就在我们身边，他比大家都聪明吗？我看未必。他比大家独特吗？如果说是的话，那就是他形成了超前学习的习惯，大家没有形成这个习惯，或者说大家没有那么超前。我们每个学期开学第一周都会安排自主学习测试，希望更多的同学利用好假期的时间，尝试超前学习，找到成功的快乐。

公民风范奖、干部风范奖和学者风范奖是桂江一中最高规格的奖项，获奖同学用实际行动诠释了桂江一中的学校文化，希望大家向他们看齐。

再次，我们让北斗星图案成为我们的校徽，突出显示学校文化的引领作用。校徽上下两部分是北斗星图案，体现领袖气质，中间是北斗七星七条光柱组成的图案，像一座高山，代表健康和强大，又像一片无限延伸的田野，代表学无止境，有耕耘才会有收获。加上颜色搭配，做到有山、有水、有空气、有阳光，很好地体现了我们学校的文化特色，希望大家喜欢。

最后，希望同学们在校训的指引下，向领袖气质和学者风度的目标迈进，祝老师们身体健康，祝同学们假期快乐！

什么样的课是一节好课？

——在2008—2009学年度第二学期开学典礼致辞

老师们、同学们：

新学期开始，我请大家思考两个问题。

第一个问题：我们为什么要回到学校上课？这个问题可能有不同理由和答案，是学校规定的？是父母要求的？是自己愿意的？都没有错。因为每个人可以有不同的理解。我的理解是，一个学年就好比一场篮球赛，分上下两个半场，中间的休息时间就是假期。从团队的角度来说，我们只打了上半场，没有理由不继续打下半场。坚持打完每场球赛是规则，我们团队不可以随意改变这种做事的基本规则，阻碍比赛的进程。从个人的角度来说，打好每场球是我们每个人要承担的一份责任，我们不可以随意推卸这份做人的基本责任，让人耻笑。总之，我们之所以回到学校上课，是因为我们的团队是守规则的团队，我们的队员是勇于承担责任的队员。

第二个问题：什么样的课是一节好课？要马上回答这个问题可能有一定困难。因为很多同学认为课好不好是老师的事情，我们做学生的没有必要知道。这个观点我不赞同，大家别忘了，你们才是课堂的主人，你们是球员，老师是教练，这场球打得好不好，球员也很重要。如果一个球员连什么是一场成功的球赛都不明白，他肯定成不了好队员。有的同学说，我比较喜欢某某老师的课，我感觉他的课是好课，但我又不知道它好在哪里。这可以理解。别说你们当学生的不知道好课的标准，就连专家都要认真想一想。我认为一节课要达到好课的标准至少要做到四个好。

一是练得好。“练”指做练习，没有练习，或者说练得不好，肯定不能提高球技，所以有没有一定量的练习和练得好不好是判断一节课好与不好的最重要的指标。练习题设计不好，练习的时间不够，甚至没有练习环节的课，注定不是一节好课。

二是评得好。“评”指学生和老师的点评环节，这是同学们要大力配合老师的地方。特别是我们的小助教，要注意发挥你们的长处，帮助同学们点评一下。同打球一个道理，你自己打得如何别人的评价才是最真实、最客观的，“不识庐山真面目，只缘身在此山中”，所以一节好课需要有学生和老师的点评环节，有点评才会有进步。

三是讲得好。“讲”指老师讲课、讲解环节。讲是老师的职责，也是做老师的本事。讲得好但又讲得少，说明这个老师真有本事，真有能力。能得到这样的老师教，真幸福。为什么要提倡讲得好，又讲得少呢？因为课堂时间是有限的，老师讲的时间多，学生能控制的时间就会少，所以讲得多的课，肯定不是好课。事实上，球场上是不允许教练唱主角的，教练能利用的讲解机会也就是“暂停”的那么一点点时间，讲得太多的那个人不是教练，是看客或者是现场直播的主持人。所以讲得好又讲得少是对老师最重要的要求，是一节好课的重要指标。

四是赛得好。“赛”指各种课堂比赛，如小组比赛、男女组比赛等。没有参加球赛，姚明、易建联等这些球星是不可能产生的，可见赛场是产生明星的摇篮。一堂好课，需要老师适当组织比赛，同学们要想成为课堂明星，就得多参与课堂中的各项比赛活动，在比赛中展现自己的风采，在比赛中成就自己的学业。

最后祝愿大家在新学期天天都有好课堂，天天都有好心情。